日本先進会

「思いやり」と「合理性」の日本へ

政策本位の新しい政党をゼロから作ろう！

鳩山紀一郎・長島令和

講談社エディトリアル

はじめに

日本先進会代表理事の鳩山紀一郎です。本書を手に取ってくださり、誠にありがとうございます。

私が率いている日本先進会は、真に政策本位の新しい政党をゼロから作ることを目指しています。本書は、私たち日本先進会の政策と、その背後にある考え方をできるだけ包括的にお伝えするために書いたものですが、堅苦しい内容に入る前に、まずは代表である私自身について少しだけ紹介をさせていただければ幸いです。

既にご存知の方も多いかもしれませんが、私の父は元内閣総理大臣である鳩山由紀夫です。率直に申し上げて、父は「日本で最も批判されている（元）政治家」の一人であることは確かでしょう。その息子が新しい政党をゼロから作るというのですから、多くの方が「一体何のつもりなのか」と不信感を抱くのは当然だと思います。実際に、私たち日本先進会は2020年の6月から公に発信を始めたのですが、当初から「鳩山はもういい」だとか「政治家の子どもが政治家になるのはやめてくれ」というご批判がたくさんありました。

ただ私自身、政治の道を志し、そして同じ志をもった仲間を率いる立場である以上、「鳩山由紀夫の息子だから」という理由でレッテル貼りをされてしまうのは大いに困ります。一方で、鳩山由紀夫の息子として生きてきた中で、私自身の信条が形成されてきたことも紛れもない事実です。ですので、ここでは私の「5つの信条」を、実際に私が人生で経験してきたことに沿ってご紹介させてください。

鳩山紀一郎の「5つの信条」

① 家柄なんてどうでもいい
② 政治家は「社会のリーダー」であるべき
③ やはり一番重要なのは政策だ
④ いつか必ずチャンスは来る
⑤ 政治家は「リアリスト」でなければならない

① 家柄なんてどうでもいい

私が生まれた鳩山家は、「政界の名門」と呼ばれることもあるようです。確かに、高祖父の鳩山和夫は衆議院議長、曾祖父の鳩山一郎は自民党の初代総裁で内閣総理大臣、祖父の鳩山威一郎は大蔵事務次官や外務大臣を務めましたから、「名門」と呼ばれるのもおかしくはないのかもしれません。

しかし私自身としては、「自分は名門に生まれたから貴重な存在だ」と思ったことは一度もありませんし、それどころか「家柄なんてどうでもいいだろう」と考えています。人間の本質的な価値は、「人それぞれの特徴や環境の中で、いかに周囲の人々に良い影響を与えようと頑張れるか」に尽きると思っています。家柄などというものは、その本質的な価値とは全く関係がないのです。

家柄なんてどうでもいいということは、振り返ってみれば、実は私が小学生の頃から思っていたことでもあります。

父が北海道の選挙区で自民党の公認候補として衆議院総選挙に出馬し、初当選したのは1986年、私が小学4年生のときでした。「転校したくない」という私の希望を父が尊重してくれたため、私は東京の小学校に通っていたのですが、父の当選のニュースは私の同級生にもすぐに知れ渡りました。すると私は、一部の同級生から「政治家の息子さん」や「名門一族のお坊ちゃま」などとからかわれるようになりました。これが原因で、私には「子ども時代はいじめが辛かった」という記憶があるのですが、とにかく、当時は政治腐敗によって政治家の社会的イメージが悪かったことも含めて、父親が政治家であることには大いに嫌悪感を抱いていました。

ただ問題は、なぜ「政治家の息子さん」や「名門一族のお坊ちゃま」がいじめられる境遇にあったのかということです。一般的なテレビドラマの中では、「政治家の息子さん」や「名門一族のお坊ちゃま」はいじめられる側ではなく、いじめる側でしょう（もちろんいじめは絶対にダメです！）。ではなぜ私はいじめられてしまったのかと、大人になって冷静に振り返ってみると、それは私がからかわれても、何も言い返せなかったからだということに気づきました。

ではなぜ私は何も言い返せなかったのかというと、それは私自身が「家柄なんてどうでもいい」と思っていたからなのです。家柄なんてどうでもいいと思っていたから、同級生の言葉が、私には「お前は家柄が良いと言われているが、お前自身には一体何ができるというのだ」という意味に聞こえて、もちろん当時の私には何の力もなかったため、「何も言い返すことができない」という状態になってしまっていたのだと思います。

②　政治家は「社会のリーダー」であるべき

父の政治活動に私が初めて心を打たれたのは１９９３年、私が高校２年生のときでした。「このままでは政治改革は永久に実現できない」と考えていた父が、同じ志をもった仲間とともに自民党を離党し、新党さきがけを結成したのです。

それまでの父の政治活動は、子どもである私の目から見て、決して誇らしいものではありませんでした。父は自民党の竹下派に所属していたのですが、簡単に言えば、「社会のリーダー」ではなく、「政党のサラリーマン」だったのであり、党や派閥からの要求は基本的にただ一つ、議席を守るということでした。では議席を守るためには何が必要かというと、それは選挙区の「地盤固め」に他なりません。実際に父は、国会が開かれている時期を除いて、ほとんどの時間を選挙区の北海道で過ごしていました。私も学校が休みになる度に北海道に連れて行かれていましたが、そこでの父の様子はと言えば、支援者のお宅を訪問しては頭を下げ、各所で行われる会合に顔を出しては握手をして回り、お祭りに参加しては得意でもない盆踊りを踊り、支援者の方々とお酒を飲んでは森進一の「おふくろさん」を歌い（これは得意だったようです）、といったものでした。私の見てきた限りにおいて、政策に関して有権者の方々と議論が行われるような場は、そこにはありませんでした。

もちろん、選挙区の有権者と交流すること自体は重要なのですが、それが目的化されてしまってはいけません。私はこの頃から、政治にとって一番重要なのは政策なのではないかと思っていましたから、父をはじめとした多くの政治家の活動には少なからず違和感を抱いていたわけです。

それが、父が新政党を結成したときから、印象が大いに変わったのです。党の幹部としてメディアにも積極的に出演し、政策を含めて自らの主張を堂々と発信している父の姿を見るようになって、こんな「社会のリーダー」としての政治家ならば、私自身もいつかは挑戦してみたいと考えるようになりました。

改めて考えてみれば、曾祖父の鳩山一郎は、世界的に「資本主義 vs. 社会主義」の構図ができていく中で、戦後のGHQによる公職追放も乗り越え、保守合同によって新たに自民党を結成したわけですから、父が自民党を離党して新政党を結成したのも、鳩山一郎の政治家としての生き様から大きな影響を受けていた、ということなのでしょう。

③　やはり一番重要なのは政策だ

父は新党さきがけでの挑戦の後、新たに民主党を結党していたのですが、民主党でも代表や幹事長などの要職を務めていたこともあり、メディアなどで自らの主張を積極的に発信し続けていました。

そのような中で、2000年6月、父が民主党代表として迎えた最初の衆議院総選挙で、当時大学院で交通マネジメントの研究を始めていた私は衝撃的な経験をします。この選挙は、当時の森内閣の支持率が低く、民主党は大幅に議席を増やすとの予想も出ていたため(実際にそうなりました)、私は「父は自分の選挙区で当然圧勝するだろう」と思っていました。しかし、現実は全く違っていたのです。

投票日の一週間ほど前に、母がそれまで聞いたことがないくらい焦った声で電話をしてきました。

「お父ちゃまは他の候補者の応援で全く地元に入れていないから、キー(私のこと)も応援を手伝いに来て欲しい。」

私はその言葉に対して、「今回の選挙はそれほど心配ないでしょう」と返答したのですが、実際に大学院を休んで選挙区に入ってみると、母の焦りを完全に理解することができました。一言で言えば、民主党とは対照的に、父自身には「全く風が吹いていなかった」のです。道端でお年寄りに直接握手を求めても断られてしまったり、選挙カーから必死に手を振っても、道行く人から露骨に両手で「×」と掲げられてしまったり、絶望しそうになる場面の連続でした。

その理由は、代表である父を落選させることで民主党を崩壊させようと、自民党が本気で取り組んでいたからでした。父は比例代表との重複立候補はしないという主義を貫いていたため、小選挙区で落選すれば文字通り「終わり」。そこで自民党は、新人候補者を当選させるべく、多くの幹部を選挙応援に投入したり、地元業者などに対して「民主党を応援するなら仕事はやらん」という恫喝をしたりして、父の支持基盤を徹底的に壊そうとしていたようなのです。

私としては、父の選挙がうまくいくかどうかとは関係なく（結局、父はギリギリで当選しました）非常に残念だったのは、政治家の命運を左右する選挙の現場で、まだまだ「政策そっちのけの泥仕合」が行われていたということでした。これでは国民にとって一番重要なはずの政策を丁寧に議論するような政治家が生まれにくいのは当然で、それは国民や国家のためにならない。もし私が将来的に政治活動をするならば、このような状況は必ず打破しなければならないと強く思ったのです。

④　いつか必ずチャンスは来る

２００９年9月の政権交代。私は当時、ロシアのモスクワ大学で招待研究員として都市の交通渋滞問題などに関する研究をしていましたが、衆議院総選挙で民主党が大勝し、代表である父が内閣総理大臣に選出されると、何と私のところにまで、日本やロシアのメディアが取材にやってきたのです。

私は父へのメッセージを聞かれ、「信念を貫いてほしい」という主旨のことを述べた記憶がありますが、もちろん父にも民主党にも、政策本位の政治を実現してほしいと期待していたものの、内心では「こんなことが本当に起きるものなのか」と驚いていた、というのが正直なところでした。

というのも、父が１９９０年代から始まった政治改革の流れで必死に頑張っていたことや、自ら立ち上げた野党第一党の幹部として地道な発信を続けていたことは認識しつつも、現実問題として、「日本政治を支配するのは自民党」という岩盤のような常識を打ち破れるほどのエネルギーが生まれるとは思っていなかったからです。特に小泉政権は非常に人気が高く、それによって民主党は勢いを失いつつありました。それが、小泉政権後に自民党が自滅していったことや、そのタイミングで民主党の代表に選ばれるという巡り合わせによって父が総理大臣になったということに、非常に驚いたのをよく覚えています。

おそらく父は、「前向きに頑張っていれば、いつか必ずチャンスは来る」と考えていたのでしょう。もちろん現実には、「いつか必ずチャンスは来る」とは限りません。チャンスに恵まれることなく、挑戦を終えなければならないケースもたくさんあるはずです。しかし努力を続けるためには、「いつか必ずチャンスは来る」と信じなければならない。歴史的な政権交代を見ながら、私はこのように確信したのです。

⑤　政治家は「リアリスト」でなければならない

さて、内閣総理大臣となった父がその後どうなったかについてですが、多くの方がご承知のとおり、国民の大きな期待に応えることはできず、2010年6月に父は辞任し、政権は短命に終わりました。また、民主党政権は全体的に大失敗として多くの国民に記憶されています。

なぜ民主党政権は大失敗してしまったのか。

その理由はたくさんあるのですが、やはり最大の問題の一つは、「政権運営にリアリズムが欠けていた」ということだと私は思っています。要するに、きちんと現実を踏まえ、合理的な戦略を取ることができなかった。

たとえば、普天間基地の移設問題では「移設先は最低でも県外にする」と発言したものの、実現することができず、日米関係の混乱も含めて、国民に大きな失望を与えてしまいました。この問題は、父が戦後日本の現実、つまり「日本が安全保障上、アメリカに過度に依存していて、アメリカに対して実質的な発言権をもっていない」ということを十分に理解していなかったことに起因していたと思っています。後ほど政策として丁寧に説明しますが、日本がアメリカに対してきちんと発言できるようになるためには、まず安全保障体制におけるアメリカとの関係性を変える必要があるのです。

また、民主党政権は「政治主導」を掲げていましたが、もちろんそれ自体は良かったものの、その手段として、官僚を適切にコントロールするための「内閣人事局」を作らなかったことが致命的でした。官僚をきちんとコントロールする手段がないままに、「政治家vs.官僚」という構図を作ってしまったため、官僚の協力が十分に得られなかった。それでは政権運営が頓挫してしまうのは当然でしょう。

リアリズムに基づかなければ、たとえ内閣総理大臣になったとしても、政策を思うように実現することはできない。これは真実です。父、そして民主党政権の大失敗を見たことによって、私は、政治家は「リアリスト」でなければならないと確信するようになったのです。

以上が私の「5つの信条」であり、それに基づいて、私は新政党を立ち上げたいと考えています。

もちろん、このような挑戦に対しては、「何がリアリズムだ。リアリズムなら、新政党などという無謀なことはせずに、既存の政党でやればいい」という意見もたくさんあるでしょう。実際に、そのようなアドバイスはたくさんの方々から頂いていますし、父からもそのようなことを言われました。

しかし、「合理的なリアリズム」と「単純な妥協」は全く異なります。新政党なんてどうせ成功しないと決めつけ、早々に既存の政党に入り、「政党のサラリーマン」になることは簡単ですが、それでは何も変わりません。1990年代から今に至るまでの日本政治を振り返れば、政治家の多くがいかに国民のためではなく、自分の利益や権力のために働いているかは明らかであり、その集合体である既存の政党を内側から変えるのは不可能だということは、もはや明白だと思います。

そしてもちろん、一番重要なのは政策です。

父が政界を引退した際に、私が選挙区の地盤を引き継ぎ、「世襲政治家」になるという選択をしなかったのは、もちろん「息子が地盤を引き継げば政治家になりやすいなんておかしい」という個人的な想いがあったということもありますが、より重要だったのは、私自身として「どのような日本を作るために、どのような政策が必要なのか」をきちんと整理できていなかったということでした。特に、父は消費税率引き上げに反対して引退を決意したわけですが、私としても「日本の財政が破綻寸前で財源不足なのであれば、もはや新しい政策など何も実行できないのではないか」と絶望しかけていたのです。

そんな中で、昔から政治談議をよくしていた大学の友人の紹介で出会うことになったのが、長島令和さんです。彼がいかに頭脳明晰で論理的な人物であるかは、少し話をしただけですぐにわかりましたが、それよりも驚いたのは、彼は「とにかく今の国民のためにも、将来の国民のためにも日本を良い方向に変えたい」という一心で、何のあてもないのに、新政党を作る仲間を探すべく、自ら外資系金融機関を辞めたということでした。もちろん私は、そんな人間に出会ったことはありませんでした。それまでの私は、「どうすれば政治家になれるか」と相談された経験はたくさんあったのですが、それは「どうすれば既存の政党から公認をもらえるか」などという話ばかりで、「どのように日本を良くしたいのか」を徹底的に議論できる相手はいなかったのです。

政策については後ほど丁寧にご説明しますが、長島さんとの徹底的な議論や他の方々との対話を通じて、私は全ての政策の基盤となる財政の考え方も含め、現時点の考えとして、「どのような日本を作るために、どのような政策が必要なのか」をきちんと整理することができました。それをまとめたのが本書なのです。

最後に、本書の構成について少しだけ説明させていただきます。

本書では、まず政策全体の趣旨を「『思いやり』と『合理性』の10大方針」としてまとめました。その上で、第I部「日本先進会の挑戦」では、日本先進会を立ち上げた理由や、今の日本の政治に関する見解、そして独自の政治思想である「最適厚生主義」についてお伝えします。それから第Ⅱ部「日本先進会の政策」では、私たちが掲げる政策を「第1章　社会経済政策」・「第2章　安全保障政策」・「第3章　統治機構改革」に分けて詳しくご説明します。

なお本書は、内容を少しでも読みやすくしたい、皆さんに親近感をもっていただきたいという想いから、質問者の問いかけに対して、私たちが回答する形式を採用しております。私たちが信じる「正論」を「理想論」として終わらせないためにも、ぜひ最後までお読みいただき、貴重なご意見を賜れれば幸いです。日本先進会はまだ生まれたばかりですので、皆さんのお力をお借りして、着実に前に進んでいきたいと思います。

日本先進会　代表理事　鳩山紀一郎

政策の趣旨：「思いやり」と「合理性」の10大方針

1 真面目に働いて価値を生み出している方々の税負担を大幅に軽減します。

2 「価値を生み出しているように見せかけて、実は生み出していない人々」が不当な利益を得る構造をなくします。

3 ムダを徹底的に排除して、国民全体の豊かさを最大化します。

4 全ての国民が医療・介護・老後の生活費に不安を抱く必要がない社会にします。

5
「受験のためには塾に行くのが当然」という
歪んだ教育システムを改めます。

6
全ての子どもの多様で貴重な才能を最大限に伸ばします。

7
「きれいごと」なしに、国民の安全と情報を徹底的に守ります。

8
日本が国際社会に毅然とした態度で向き合える環境を作ります。

9
国民目線で十分に納得できる公正な政府を実現します。

10
あとは皆さん、自分の人生を自由に、思う存分、楽しんでください！

目次

II 日本先進会の政策

「思いやり」と「合理性」の日本へ

政策本位の新しい政党をゼロから作ろう！

装幀　SHINDOKEISHODOGRAPHIC

I

日本先進会の挑戦

日本先進会とは何か

――ではまず単刀直入にお聞きします。日本先進会とは何なのでしょうか？

鳩山　私たち日本先進会は、「思いやりと合理性が最大化された日本」を実現するために、真に政策本位の新しい政党をゼロから作ることを目指している集団です。ではなぜ新しい政党をゼロから作らなければならないのかというと、それは率直に言って、既存の政党が掲げている政策は、「思いやり」と「合理性」がどちらも中途半端だからです。

もちろん、個別の政策は是々非々で評価すべきものですから、全ての政策に反対というわけではありません。しかし既存の政治家や政党の多くは、日本という国が抱えている根本問題と向き合う意志が足りないからこそ、政策に「思いやり」と「合理性」が不十分で、当たり障りのない内容になってしまっているのでしょう。当たり障りのない政策だけを掲げて、それを無難に実行するだけでいいなら、政治なんて必要ありません。

日本先進会は、日本が抱える根本問題と徹底的に向き合おうとする仲間だけで集結して、「思いやり」と「合理性」を最大化するために独自の政策を掲げていきます。

――政策については後ほど詳しくお聞きするとして、なぜ既存の政治家や政党は、日本が抱える根本問題にきちんと向き合うことができないのでしょうか？

長島　それは単純に、多くの政治家や政党が、自らをとことん甘やかしているということに尽きると思います。彼らの多くは「議席がなければ何もできない」という理屈を都合よく振りかざして、「選挙ファースト」の行動を取っていますが、それは要するに、「どうすれば次の選挙に勝てるか」を常に最優先に考えているということです。そして選挙ファーストだからこそ、日本が抱える根本問題はできるだけ隠したい。なぜなら根本問題は、根本問題であるが故に、それを国民にきちんと説明することも、その解決策としての政策を提案することも、非常に大変で難しいからです。そんな面倒なことをしなくても、当たり障りのない問題提起や政策提言をしていれば選挙を乗り切れるなら、迷わずそちらを選びたいということなのでしょう。

つまり既存の政治家や政党の多くは、ある意味で国民を騙している、日本が抱える根本問題を「ないことにしている」ということなのです。

鳩山　既存の政治家は「政治屋」と呼ばれることもありますが、彼らの多くは自分の選挙区でひたすら頭を下げ、握手をして、お酒を飲んでいるだけです。もちろん有権者との交流は非常に大切です。しかしそれは本来、きちんとした政策論議とセットでなければならないはずです。自分の選挙を手伝ってくれたり、自分に政治資金を提供してくれたりする支持者とだけ交流するのではなく、幅広い国民と対話して、外からではなかなか見えにくいところで国民を苦しめているルールや制度を見つけ出して、見直して、時には国民にも協力をお願いする。それが「本物の政治家」なのではないでしょうか。残念ながら、今はそういった政治家があまりにも少ないのです。

日本先進会は、日本が抱える根本問題と真摯に向き合うために、「本物の政治家」を目指している人だけを集めたいと考えています。

——ただ、それでも「議席がなければ何もできない」というのも事実ですし、まずは既存の政党に入って中から変えるという発想もあり得ると思うのですが、いかがでしょうか？

鳩山　まず、議席がなければ政策は実現できないというのは事実でしょう。しかし一方で、「議席があるだけでは何もできない」のも事実です。既存の政治家の多くは、たとえ議席をもっていても、政党や国会において意味のある発言力はもっていません。また私の父である鳩山由紀夫は、議席を得るどころか、はじめて自民党から本格的に政権を奪った政党の代表として総理大臣にまでなりましたが、国民の大きな期待に応えて成果を上げることはできませんでした。つまり、「議席がなければ何もできない」というのは事実ですが、それ以上に大切なことがあるのです。

それは、政策がきちんと統一されている仲間だけで政党を作るということです。民主党は、政治家や政党がとにかく自民党を倒すことを目的にして集まった政党でした。だからこそ、政策やその背後にある思想が統一されておらず、内部紛争を繰り返して、最終的に崩壊してしまった。つまり政策というものは、政策や思想が統一された政治家集団が議席を獲って、一致団結して行動することで、はじめて実現できるものだということです。

――そのような観点では、自民党はどういう評価になるのでしょうか？

長島　自民党はよく、「異なる意見をもっている派閥が共存する自由な政党」などと言われますが、それは好意的に解釈しすぎだと思います。既存の政治家が「選挙ファースト」なら、自民党は「政権ファースト」です。特に２００９年に野党となって、その後、民主党の自滅のおかげで政権を奪い返すことができた際に、「二度と政権を失ってはいけない」という鉄の結束が生まれたのでしょう。要するに自民党は、「政策が統一された政治家集団」ではなくて、「政策が統一されたフリをしている政治家集団」なのです。それでも、日本が抱える根本問題には全く踏み込まないから問題はないわけです。

とにかく、野党は選挙対策で結集するたびに「選挙互助会」などと揶揄されていますが、自民党もより狡猾な「選挙互助会」であることは確かでしょう。

――既存の政党に入って中から変えるという発想については、どうでしょうか？

鳩山　それについては単純に難しいと考えています。自民党をはじめとした既存の政党は、主に世襲や当選回数などによって序列が固定化している「歪んだサラリーマン社会」になっています。だから既存の政治家の多くは、仮に議席をもっていたとしても、政党や国会において実質的な発言力をもっていないわけです。特に自民党のような政党では、党内で発言力や影響力をもつためには、基本的に20年くらいの時間がかかってしまう。一刻も早く、社会の様々なところで苦しんでいる国民を助けたい、あるいは将来の国民のためにも日本を変えなければならないと本気で考えている人にとって、これはあまりにも長い時間なのです。日本先進会は、そのような人が結集する組織にしたいと考えています。

――日本先進会が、お二人が政治活動をするための唯一の選択肢だということは理解しました。ではお二人は、そもそもどのような想いで、政治活動を始めたのでしょうか？

長島　私は子どものころから政治に興味をもっていました。様々な社会問題について深く考えていくと、必ず最終的には国が作っているルールや制度にぶつかると思っていたからです。ただ、私自身は鳩山さんとは違って政治が身近にあったわけではありませんでしたので、実際に政治活動をするという具体的なイメージがあったわけではありませんでした。

そんな中で、大学卒業後は外資系金融機関に入社して、日本の大企業に対してM&Aや資金調達の助言をする投資銀行業務を行っていたのですが、そこでいくつかの民営化案件を経験したことで、政治に対する考え方が大きく変わりました。簡単にまとめれば、非合理的・非建設的な政治家の都合、あるいは怠慢によって、行政の現場で働いている官僚の方々が理不尽に縛られていることも含めて、結果的に国民の利益が損なわれている状況がたくさんあったのです。このままでは日本の将来は危ういと確信して、政治の道を志したいと本気で考えるようになりました。

ただ先ほどお話ししたように、既存の政党では根本的には何も変えられないと確信していましたので、同じ志をもつ仲間と新しい政党を立ち上げるしかないと考えていました。それで共通の知人を含めた政策論議を通じて鳩山さんと出会い、今に至っています。

鳩山　私は子ども時代、実は父親の職業が政治家であることに嫌悪感すら抱いていました。当時の日本は政治腐敗が深刻な問題になっていましたから、「政治家＝悪者」のような社会的イメージがあったわけです。しかし、父がまさに「政治改革」の流れで1993年に自民党を離党して「新党さきがけ」を立ち上げ、その後、民主党も結党して、紆余曲折ありながらも勢力を拡大していった様子を間近で見た中で、政治の世界にも大いに興味をもつようになりました。

しかしその頃には、私は大学教員として研究や教育に精力を注いでいましたから、すぐに政治家を目指すという選択はしませんでした。ちなみに専門分野は交通計画で、都市の交通渋滞を軽減するための工夫や、東日本大震災の被災地も含めた、地方部における公共交通を便利にするための工夫などに関して研究してきました。ただ研究を進めていく中で、明らかに良いと考えられるアイディアがあっても、既存のルールや制度に阻まれて実現できないようなことを何度も経験し、やはり政治でしか変えられないことも多いと痛感していました。

そんな中で、やはり個人的な感情としても非常に大きな出来事だったのは、民主党による政権交代と、それに続く大失敗です。民主党は自らの能力不足や準備不足のせいで、極めて大きなチャンスを棒に振ってしまった。特に民主党の創設者でもあり、代表として最初の総理大臣になった父には大きな責任があったと考えています。とにかく、安倍政権が長期政権になった最大の原因の一つが、「民主党政権の大失敗による国民の絶望」であることは間違いないでしょう。一度失ってしまった信頼を取り戻すことは非常に難しいのです。

私自身も、今後の日本では、どれだけ自民党政権の質が低くても、国民が「民主党政権よりはマシだから我慢しよう」と考える状況がずっと続いてしまうのではないかと絶望していました。特に、民主党政権は最終的に「消費税率の引き上げ」というテーマで内部分裂して、自滅してしまったわけですが、これからの日本では財政が政治の制約になってしまうということであれば、野党は国民にとって最も重要な「政策」でアピールする機会をほぼ完全に失ってしまったのではないか、という危惧もあったのです。

しかし長島さんと出会い、徹底的に議論したこともあって、今の日本ではむしろ財政支出を拡大して、国民のために必要な政策を推し進めるべきだという確信を得ることができたため、真に政策本位の新しい政党をゼロから作ろうと決意したのです。それが日本先進会です。なお財政については、後ほど丁寧にお話しします。

今の日本の政治に関する見解

――では次に、直近の状況も含めて、日本の政治に関する見解を教えてください。

鳩山　今は菅政権がスタートしたばかりというタイミングですが、世論調査の支持率がかなり高いことは注目に値します。日本先進会としては、菅首相はおそらく、安倍政権で長らく官房長官を務めた経験から、「今の日本で長期政権を築くための3つのポイント」に気づいたからこそ、総裁選への立候補を決意したのだろうと推察しています。その3つのポイントとは、①多少の問題なら辞任さえしなければ国民は忘れてくれる、②政策は「何となく改革している感」のパフォーマンスだけで十分である、③官僚は人事によって完全にコントロールできる、ということです。

安倍前首相は新型コロナウィルス対応という「誰も100点を取れない非常に難しいテスト」で赤点を取ってしまい、支持率が大きく下がったところで、持病の悪化という不運も重なり、辞任という形になりました。しかし、「誰も100点を取れない非常に難しいテスト」は毎年あるわけではありません。たとえば、これから再びコロナが猛威をふるったとしても、既に色々な対処方法は確立されていますし、安倍政権のおかげで国民の期待値も下がっているはずですから、安倍政権が直面したほどの困難にはならない可能性が高い。菅首相はそれを見極めた上で、押さえるべき3つのポイントを知っている自分なら、安倍前首相のように長期政権を築けると考えたのではないでしょうか。

長島　まず一つ目の、多少の問題なら辞任さえしなければ国民は忘れてくれるというポイントですが、これは多くの国民が野党を見限ってしまっていることによるものです。民主党政権が大失敗した後、旧民主党の勢力を中心とした野党の政治家や政党は、最も大事な「政策」で自民党と差別化を図ろうとすることもなく、国会で自民党政権の揚げ足取りのようなことばかりを続けてきました。その結果、多くの国民は野党を完全に見限ってしまった。つまり今の日本では、自民党政権はとんでもない大スキャンダルでも起こさない限り、政権を安定的に維持できるようになってしまっているのです。

安倍前首相はそれをきちんと理解していたからこそ、何か問題が起きても辞任はせずに、いつも国民が忘れるのを待っていたわけですね。菅首相はそういう安倍前首相の姿を見て、これは自分も大いに真似すればいいと考えているのだと思います。

――ただ、二つ目の政策に関するポイントについては、菅首相はたとえば「デジタル庁の創設」や「縦割り110番」、「携帯電話料金の引き下げ」などの具体的な改革を掲げているのではないでしょうか？

鳩山　率直に言って、菅首相がこれまでに掲げている政策は、安倍政権の「生産性革命」や「人づくり革命」「一億総活躍社会」「全世代型社会保障」などの「名前は大げさだが中身はない政策」と比較すればまだマシなのかもしれませんが、日本の根本問題を解決できるような政策では全くなく、「何となく改革している感」のパフォーマンスであることに変わりはありません。

もちろん、菅首相が主張している「マイナンバーを普及させて行政手続きを効率化する」というのは必要なことですし、今までやってこなかったことが論外なのですから、粛々と進めればいいと思います。しかし、たとえば「行政のデジタル化」について言えば、そもそもムダな行政を排除しなければ、国民の利便性はさほど高まらないだけでなく、デジタル化に余計なコストがかかってしまうし、以前に「住基ネット（住民基本台帳ネットワークシステム）」が大失敗したように、システム全体がムダな投資になってしまうリスクもあります。また、デジタル化は「行政の効率化」のための一つの手段に過ぎないはずですが、それによって浮いた行政人材をどのように整理・配置転換するかについて、菅首相は一切方針を説明していません。

そういった問題を踏まえると、おそらく菅首相は、「とりあえず今の時代っぽい名前をつけた新しい組織を作ると言っておけば、改革している感は醸成できるはずだ」という思惑で、「デジタル庁の創設」を掲げていると考えざるを得ないわけです。

長島　「縦割り１１０番」は、正式名称は「規制改革・行政改革ホットライン」だそうですね。多くの国民は河野大臣に期待をしているようですし、私たちも個人的には河野大臣のことが好きです。ただ日本先進会としては、後ほど説明するように、行政・規制改革を一切妥協せずに実行していくためには、大臣やプロジェクトチームの人材は政治家や官僚ではなく、純粋な民間人材を招聘すべきと考えています。たとえば、河野大臣は記者会見で「脱ハンコ」を堂々と宣言していましたが、民間の経営管理や工程管理の感覚に基づけば、ハンコなどは行政全体のムダの1％にも満たないと思います。つまり、大臣が記者会見で本来なら1％にも満たないような話を堂々としている時点で、菅政権の行政・規制改革にはあまり期待がもてないわけです。大臣が記者会見をするなら、たとえば最低でも、「個人の住所や家族構成などが変わっても、オンラインの手続きだけで、住民票・免許証・パスポート・公共料金・金融機関口座などが全て自動的に変わるようなシステムを構築します」くらいは宣言すべきだと思います。

それから「携帯電話料金の引き下げ」については、もちろん携帯電話料金に限らず、全ての生活コストが下がること自体は、消費者としての国民の利益になるため、望ましいと言えます。しかし、それが総理大臣の「鶴の一声」によって結論ありきになるのは、どう考えてもおかしい。なぜなら総理大臣の意向で料金を変えられるとなれば、生産者やその株主には非常に大きな悪影響がありますし、何より将来的に、総理大臣によって生産者の利益が不当に守られて、消費者が不利益を被ってしまうケースも発生しかねないからです。それを踏まえれば、電気通信事業法に基づいて携帯電話料金を規制するにしても、結論ありきではなく、たとえば公正取引委員会に厳格な調査・分析をしてもらった上で、きちんと根拠を明確にした価格規制を行うことが適切だと言えるでしょう。

――わかりました。三つ目の、官僚は人事によって完全にコントロールできるというのは、どういうことでしょうか？

鳩山　まず大前提として、政権政党が安全に政権を維持するために、国民以外に気にしなければならないのは、政府の実働部隊である官僚です。それを踏まえた上で、菅首相は「選挙で国民の信任を得た政治家が、人事権を行使して官僚をコントロールするのは当然だ」と主張しているようですが、これに関しては私たちも完全に同意します。

民主党政権が大失敗した理由はたくさんありますが、その一つが「政治主導」を掲げながら、政治家が官僚をコントロールできなかったということでした。ではなぜ政治家が官僚をコントロールできなかったのかというと、それは政治家が官僚の人事権を握ることができていなかったからです。官僚にとって最も重要なのは人事です。役職だって報酬だって人事次第なのですから、それは当然です。民主党政権はそのリアリズムを理解しておらず、結果的に官僚の十分な協力を得ることができなかった。それに対して、安倍政権は「内閣人事局」を作って、官僚を厳しくコントロールできるようにした。内閣人事局については、「官僚が政治家に忖度しなければならなくなったのは大問題だ」という批判もありますが、それは違います。民間企業で従業員が経営陣に従わなければ事業は成り立たないように、官僚が政治家に従わなければ政府は成り立たず、民主党政権のように崩壊してしまう。結局のところ、問題は「官僚による忖度」ではなく、「忖度される政治家の質」なのです。

いずれにしても、安倍政権で内閣人事局を実質的に取り仕切っていたのが官房長官だった菅首相ですから、要するに、人事さえ押さえれば官僚を完全にコントロールできるということを100％理解しているわけです。

長島　まとめると、政権批判をするだけの野党を多くの国民が見限っている中では、自民党はとんでもない大スキャンダルでも起こさない限り、政権を安定的に維持できるようになっている。そして内閣人事局によって、政治家が官僚を十分にコントロールできるようにもなっている。このような状況で、菅首相は文字通り、安倍政権の路線を踏襲して、「何となく改革している感」のパフォーマンスだけで国民の支持を維持しながら、あとは「官僚が作ってくれた原稿」と「自分自身の空虚な言葉」によって、毎日の会議・会合・記者会見を乗り切ればそれでいいと考えている。これが日本先進会の、直近の日本政治に関する見解です。

もちろん、「何となく改革している感」のパフォーマンスが横行し、本質的な政策論議がおろそかにされている状況で、損をしているのは国民です。だからこそ日本先進会は、この状況を打破するために、真に国民のためになる独自の政策を掲げる政党を作らなければならないと考えているのです。

日本先進会の政治思想：最適厚生主義

――では次に「思想」についてお聞きしますが、日本先進会が独自の政策を掲げるにあたって、その基本となる政治思想のようなものはあるのでしょうか？

鳩山　最初にお話ししたように、私たちは各政策によって「思いやりと合理性が最大化された社会」を実現したいと考えているわけですが、その基本になっているのは「最適厚生主義」という独自の政治思想です。

政治の究極的な目的は、国民の幸福を最大化することです。しかし言うまでもなく、国民は多様ですから、誰かが幸福に感じることであっても、他の誰かはあまり幸福を感じない、あるいは不幸すら感じてしまうかもしれません。もっと言えば、誰かの幸福は、他の誰かの不幸の上に成り立っているかもしれません。そういった複雑な社会で、みんなができるだけ幸せになるために必要なのが政府であり、その政府を主導するのが政治です。要するに、政治思想というものは本来、「いかに国民を幸せにすべきか」を直接的に問う必要があります。

私たちは最適厚生主義において、「厚生」を「人間の幸福を支える客観的な要素」と定義しています。しかし幸福の感じ方は人それぞれ、つまり多様な「主観」であり、政治が多様性に対応するのは非常に難しい。だからこそ最適厚生主義は、その手前にある「客観的な要素」に注目します。たとえば「食事がおいしくて幸せだ」という幸福があるとして、政府にとっての問題は、「国民がおいしい食事を食べられる経済力があるか?」や、「国民がおいしい食事を作るための食材を十分に調達できる環境になっているか?」ということなのです。そのような前提で、最適厚生主義は、「いかに社会全体として最適に厚生を生み出して、最適に分配するか」を問うことになります。ちなみに、たとえば国家が整備すべき安全保障体制も当然、「厚生」の一つです。

——なるほど。では、どのように社会全体として最適に厚生を生み出して、最適に分配すべきなのでしょうか?

長島　それは基本的には、各政策のレベルで整理しなければならないことです。市場における自由競争を尊重すべき領域もあれば、そうすべきではない領域もある。また、格差是正のために再分配を強化する必要もありますが、それを目的化しすぎて過剰な再分配をすれば、誰も頑張らなくなり、社会は崩壊してしまう。政策を検討するにあたっては、そういった細かい制度設計が必要になります。そういう意味では、最適厚生主義を含めて、政治思想というものは、それに基づく政策をきちんと見て、はじめて深く理解できるものだと思います。政治思想というものは、基本的には「抽象的な言葉の羅列」に過ぎませんから、それだけでは中身が十分に明らかになることはありません。だから結局、一つ一つの政策が重要だということです。

ただ、最適厚生主義には大原則として、二つのポイントがあります。一つ目は、「国民の健康・安全・教育にかかわる領域では、政府による介入を合理的に最大化する」ということ。そして二つ目は、「それ以外の領域では、市場における健全な競争も含めて、国民の自由を徹底的に尊重する」ということ。これによって、厚生が社会全体として最適に生み出されて、最適に分配されると考えています。

――なぜ「健康・安全・教育にかかわる領域」を特別に扱うのでしょうか？

鳩山　それは健康・安全・教育が、全ての人間にとって大切だからです。健康・安全・教育は、時代や地域を超えて、普遍的に重要なものなのです。もちろん心身ともに健康で、安全が確保されていて、個人が社会の一員として生きるための十分な教育を受けたからと言って、幸福になれるとは限りません。しかし、健康・安全・教育は、どれか一つでも不足してしまうと、幸福になれる可能性がとても低くなってしまう。だからこそ、健康・安全・教育にかかわる領域では、全ての国民に十分な厚生が行き渡るように、政府の介入を合理的に最大化する必要があるのです。

――しかし、「政府の介入を合理的に最大化する」というのは抽象的ですよね。だからこそ、結局は一つ一つの政策が大事だということになるわけですか？

長島　その通りです。「合理的」とは何なのか、「最大化」とは何なのか。それを明らかにするのが政策なのです。

そしてそれは、「それ以外の領域では、国民の自由を徹底的に尊重する」という二つ目のポイントとも表裏一体の関係にあります。「政府の介入」が非合理的になってしまったり、過剰になってしまったりすると、必然的に、「国民の自由」は犠牲になるということです。

これは、そもそも国家権力の役割が「ルールや制度を作ること」であり、そのルールや制度によって国民の自由が制限されるという事実を踏まえれば、当たり前の話です。とにかく、政府の介入を合理的に最大化することも、国民の自由を徹底的に尊重することも、結局は具体的な政策のレベルで吟味するしかないのです。

――よくわかりました。しかし一般的には、思想と言えば、保守やリベラルなどが一般的だと思います。最適厚生主義はそれらとどのように関係していると整理できるのでしょうか？

鳩山　私たち日本先進会が、自分たちの考え方を保守やリベラルとして整理しないのは、単純に、それらの定義が曖昧で、言葉遊びのようになってしまっているからです。多くの方は、たとえば自民党のことを保守、野党のことをリベラルと整理していますが、必ずしも定義がはっきりしていない。また、仮に保守が「既存の秩序」を尊重するもので、リベラルが「自由」や「多様性」を追求するものだとすれば、それはどちらも重要だとしか言いようがありません。

人間というものは、秩序を維持するために一定の自由や多様性を犠牲にして、政府を通じてルールや制度を作っているわけですし、その一方で、秩序を維持することが目的化しすぎて、ルールや制度が過剰になれば、自由や多様性は必要以上に奪われてしまうわけですよ

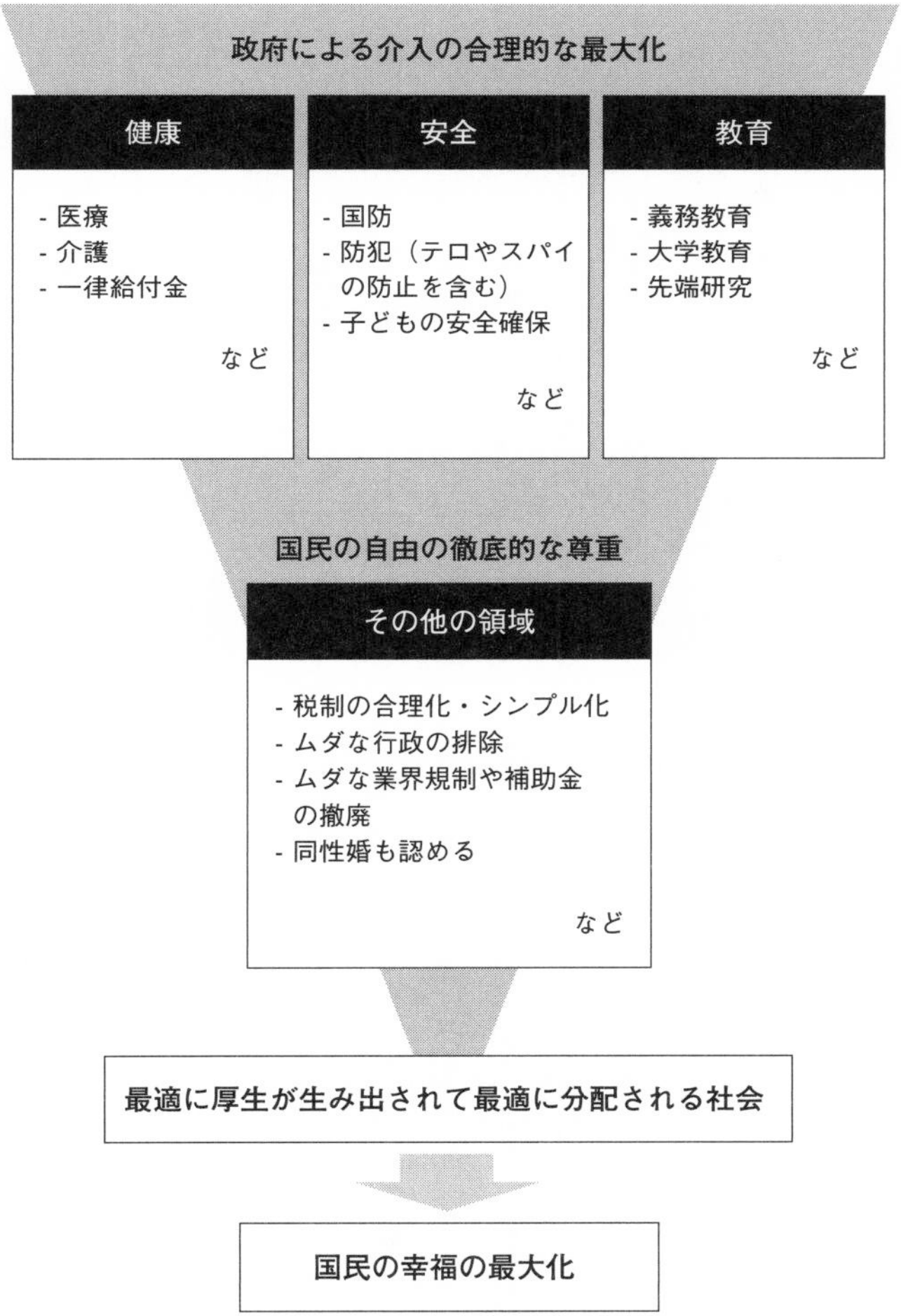
政府による介入の合理的な最大化
健康
- 医療
- 介護
- 一律給付金
など
安全
- 国防
- 防犯（テロやスパイの防止を含む）
- 子どもの安全確保
など
教育
- 義務教育
- 大学教育
- 先端研究
など
国民の自由の徹底的な尊重
その他の領域
- 税制の合理化・シンプル化
- ムダな行政の排除
- ムダな業界規制や補助金の撤廃
- 同性婚も認める
など
最適に厚生が生み出されて最適に分配される社会
国民の幸福の最大化

図１　最適厚生主義の概念図

ね。それに、ルールや制度を強化すべきか、緩和すべきか、そして変えるならどう変えるべきなのか、それは個別の政策領域によって全く違います。とにかく、「保守 vs. リベラル」という枠組みで議論することは建設的ではないのです。

長島　「資本主義 vs. 社会主義」も同じです。米ソの冷戦終結などの歴史を考えれば、確かに資本主義は社会主義に勝利したと言えるでしょう。しかし現実としては、程度の差こそあれ、どの国のルールや制度にも、資本主義と社会主義が混ざり合っています。問題はその混ざり方です。今の日本では、その混ざり方が全く最適ではない。市場で公正な競争が行われておらず、社会全体としての生産性が最大化されていないのに、政治家と関係の深い一部の国民だけが利益を得ていたりする。一方で、子どもたちの教育格差や、「正規労働者 vs. 非正規労働者」の構造格差は明らかなのに、その結果としての経済格差が理不尽に「自己責任」と整理されていたりする。とにかく問題が山積みです。

そういった問題を一つ一つ解決するためにも、「資本主義 vs. 社会主義」というような大雑把な枠組みに捉われることなく、政策を丁寧に吟味するしかないのです。

II

日本先進会の政策

――ではここから、日本先進会の政策について詳しく聞かせてください。

鳩山　日本先進会は、「三つの大政策領域」という枠組みで、全体的な政策を整理します。

◎三つの大政策領域
①　社会経済政策
②　安全保障政策
③　統治機構改革

一つ目の社会経済政策とは、「経済的な要素も含めて国民の人生を最大限豊かにするための政策」であり、これには全ての政策の土台となる金融政策・財政政策・税制をはじめ、社会保障や教育、雇用制度などの政策が含まれています。二つ目の安全保障政策とは、「国民を国内外の脅威から徹底的に守り抜くための政策」であり、一般的な国防だけでなく、子どもの安全も含めた防犯、サイバーセキュリティ、災害対策、国土計画などの政策が含まれています。そして三つ目の統治機構改革は、「国民が十分に納得できる公正な国家権力を構築するための政策」であり、要するに立法府・行政府・司法府の改革です。

全ての政策に共通するキーワードは「思いやり」と「合理性」です。日本先進会は各政策によって、「思いやりと合理性が最大化された社会」を実現することを目指しています。

――「思いやり」と「合理性」とは、具体的にはどういうことなのでしょうか？

長島　全ての政策は「目的」と「手段」によって成り立っていると言えますが、その「目的」を設定する際に必要なのが「思いやり」で、その目的を達成するための「手段」に必要なのが「合理性」だということです。

一般的には、思いやりと合理性は相反するイメージですよね。つまり、思いやりは温かいイメージである一方で、合理性は冷たいイメージである。しかしそれは違うのです。どれだけ思いやりの心をもっていて、たとえば困っている人を救いたいと思っていても、それを実行するための手段が合理的でなければ、困っている人をきちんと救うことはできません。つまり思いやりというものは、合理性が伴って、はじめて本物になるということです。

――なるほど。しかし、政策の目的が「思いやり」というのは、何となく共産主義のように聞こえて心配になってしまいますが、大丈夫なのでしょうか？

鳩山　その心配は無用です。共産主義というのは、簡単に言えば、「みんなで働いた成果を、みんなに平等に分配する」ということですが、これは一見すると思いやりのようで、実は「本物の思いやり」ではありません。古今東西で証明されてきたように、努力しても報われない社会では、みんなが努力をしなくなってしまうため、社会全体の経済的な豊かさが失われてしまう。これはみんなが損をするということであり、「本物の思いやり」からはほど遠いのです。結局、共産主義のような非合理的な手段では、思いやりを十分に実現することはできないということですね。そして繰り返しになりますが、既存の政治家や政党が掲げている政策の多くも、思いやりと合理性が中途半端になってしまっている。ではどうすべきなのかについては、まさにこれからお話ししていきたいと思います。

第1章　社会経済政策

1　総論

――では早速、「三つの大政策領域」の一つ目、社会経済政策からお聞きしていきましょう。日本先進会の社会経済政策とは、どのようなものなのでしょうか?

鳩山　まず重要なポイントをお話ししておきますが、社会経済政策が単に「経済政策」ではなく、「社会経済政策」であるのは、この中に社会保障や教育などの政策が含まれているからです。社会保障や教育などの本質は、一人一人の国民を尊重し、日常生活や人生の質を向上させるということですよね。ただ同時に、それらの政策は、一人一人の国民の経済活動によって支えられていて、経済政策とは切っても切り離せない関係であるため、日本先進会は「社会経済政策」として一括りにして考えるというわけです。

それを踏まえた上で、日本先進会の社会経済政策には、「適度なインフレ」・「経済成長」・「格差是正」という3つのゴールがあります。

長島　適度なインフレとは、「物価上昇による混乱は少ない一方で、社会経済がフル稼働している」という状況を指しており、非常に重要です。経済は「需要」と「供給」という2つの要素で成り立っていますが、需要が供給力を適度に上回っている状況では、モノやサービスの価格には適度な上昇圧力がかかります。これが適度なインフレです。そしてその状況では、需要が供給力を上回っているわけですから、既存の供給力が余すところなく全て活用されているということになるわけです。これが、「社会経済がフル稼働している」ということの意味合いです。

社会経済のフル稼働はそれ自体でも価値があることですが、それだけでなく、需要が供給力を上回っていることによって、需要に引っ張られる形で、供給力が拡大することもあり得ます。これはつまり、経済成長ですね。要するに、適度なインフレは経済成長にもつながり得るというのが非常に重要なポイントです。

鳩山　そして、経済成長と格差是正が重要だというのは当然ですね。経済成長によって社会全体の豊かさを拡大することも、格差是正によって国民一人一人の豊かさを支えることも、同じように重要です。また、経済成長を実現すれば、再分配できる豊かさが多くなるという意味で、格差是正も実現しやすくなりますし、格差是正を実現すれば、社会が安定して経済成長も実現しやすくなるというポイントも重要です。つまり、経済成長と格差是正はセットで考えるべきだということです。

適度なインフレ

——では「適度なインフレ」についてお聞きしますが、そもそも日本先進会はどのような水準のインフレ率が望ましいと考えているのでしょうか？

長島　結論として、日本先進会は「インフレ率2～3％程度」というインフレ目標を設定すべきと考えています。これは黒田東彦総裁の率いる日銀を含めて、世界中の多くの中央銀行がインフレ目標として採用しているインフレ率2％程度に対して、1％の「オーバーシュート・バッファー」を加えたものです。黒田日銀も、インフレ率がインフレ目標を上回ったとしても、必ずしもすぐには金融引き締めに転じないという、いわゆる「オーバーシュート型コミットメント」をしていますが、それは十分に合理的であるため、日本先進会も同様の考え方を採用するわけです。

――ではそのインフレ目標を達成するためには、何が必要なのでしょうか？

長島　結論から言えば、長期のデフレ・低インフレからきちんと脱却できていない今の日本でインフレ目標を達成するためには、「国債に基づく財政支出の拡大」が必要です。「国債に基づく財政支出の拡大」によって、国民の経済不安を払拭し、国民がもつお金を増やすことができれば、需要が拡大して、それがインフレ圧力につながります。

ただ、この「国債に基づく財政支出の拡大」を実行するためには、まず今の日本に蔓延している非合理的な「財政危機論」を取り除く必要があります。日本の財政は危機的であり、このままではいつか破綻してしまうという主張は純粋に間違っています。一方で、今の日本では、財政は危機的ではないと理解している人の一部が、「財政支出さえ拡大すれば日本経済は復活する」というような主張をしているのですが、これも間違っています。

日本先進会は、「インフレ率2～3％程度」というインフレ目標を安定的に達成するために、「インフレ管理委員会の新設」も含めて、財政に関する正しい認識に基づいた金融政策・財政政策・税制を提案します。これについては後ほど丁寧にお話しします。

経済成長

――では二つ目の「経済成長」には、何が必要なのでしょうか？

鳩山　経済成長に必要なのは「需要の拡大」と「供給の拡大」です。繰り返しになりますが、経済というものは需要と供給で成り立っています。需要にはそれを満たすための供給力が必要ですし、逆に供給力にはそれを活用してもらうための需要が必要なのです。つまり、経済成長を実現するためには、需要と供給をバランスよく拡大させる必要があります。

では「需要の拡大」と「供給の拡大」にはそれぞれ何が必要かというと、まず前者については、「国債に基づく財政支出の拡大」が必要です。国債を財源にして、医療・介護・年金を中心とした社会保障や、教育などを抜本的に充実化すべきということです。要するに、子育て世帯を含めた現役世代も、高齢世代も、経済不安を抱える必要が一切ないように、政府が社会保障や教育などを徹底的に充実化する。そしてその財源を増税ではなく、国債発行によって賄えば、社会全体として国民がもつお金が増える。そうすれば、需要は確実に拡大するのです。

——では「供給の拡大」には何が必要なのでしょうか？

鳩山　それは生産性の向上です。一人一人の国民がより大きな価値を生み出せるようになれば、一人一人の国民が経済的により豊かになりやすい。これは非常に単純な話です。

では一人一人の国民がより大きな価値を生み出せるようになるためには何が必要かというと、まずは教育です。全ての子どもたちの知識力・思考力・発信力・対話力をしっかり育てるために、能力や意欲に応じたきめ細かい教育を提供できるような義務教育システムを構築する。一方で、大学教育システムに関しては「とりあえず大卒になればいい」というような不健全な大卒信仰を社会から排除すべく、学生が能力や意欲に応じて本気で勉強や研究に取り組める環境を作っていく。また雇用制度においては、「仕事と人材のミスマッチ」を解消して、「そもそもムダな仕事にムダな人数と時間をかける」という状況をなくしていく。そして、税制などのルールや制度を最大限にシンプル化・合理化することや、納税者や消費者の利益に反する全ての業界規制や補助金を撤廃することも含めて、行政でも民間でもムダを一掃していく。これらが全て、社会経済全体の生産性向上につながるわけです。

長島　ちなみに、ここで注意しなければならないのは、「財政支出さえ拡大すれば日本経済は復活する」と主張している人の中には、「日本はデフレから脱却できていないのだから、需要さえ拡大すれば供給も拡大する。だから需要だけ拡大すればいい」という意見もあるということです。しかしこの意見は、率直に言って間違っています。

確かに今の日本では低インフレが続いているため、「国債に基づく財政支出の拡大」が必要です。しかし、需要の拡大に引っ張られて供給力が拡大するというメカニズムがあるとは言っても、それがずっと続くはずはありません。もしそのメカニズムがずっと続くのであれば、極端な話、政府は国民に対して際限なくお金を配り続ければ、それだけで経済成長を実現できるという話になってしまう。そんな馬鹿な話があるはずはありません。繰り返しになりますが、経済成長を実現するためには、需要と供給をバランスよく拡大しなければならないのです。

――なるほど。しかし経済成長を実現するためには、少子化を食い止めて、人口を増やさなければならないという意見もあると思いますが、いかがでしょうか？　そして供給を拡大するという意味では、外国人労働者を招き入れるという発想もあるのではないでしょうか？

鳩山　私たち日本先進会は、「経済不安が原因で子どもを作れない」という状況はなくす必要があると考えています。先ほどお話ししたように、政府が社会保障や教育などを抜本的に充実させることで、子育て世帯が経済不安を抱える必要がないようにしなければなりません。それにはたとえば、不妊治療を合理的な範囲で保障することや、出産前後の医療を全て無料にすること、子どもに対する一律給付金を増やすこと、そして完全無料で質の高い義務教育を保障することなどが含まれます。そして、経済的な理由だけで子どもを作れなかった方々が子どもを作れるようになれば、結果的に出生率が上昇することも十分にあり得ます。

しかし一方で、それは決して自民党政権が掲げているような「少子化対策」ではありません。大事なことなのでもう一度言いますが、「経済不安が原因で子どもを作れない」という状況はなくすということは、それ自体が重要なことであり、社会全体として子どもを増やそうという「少子化対策」とは全く趣旨が違うのです。日本先進会は、子どもを作ることを正義と決めつけるような社会は不健全であると考えています。「子どもを作る・作らない」の自由が尊重され、作らない選択をした方々が肩身の狭い想いをしなくていい社会にする必要があると思っています。

長島　それから、人口を増やさなければ経済成長を実現できないというのは、単純に間違っています。国民にとって大切なのは、たとえば「一人当たりＧＤＰ」で表されるような、国民一人一人の豊かさです。普通に考えて、「人口が増えなければ、国民一人一人の豊かさは

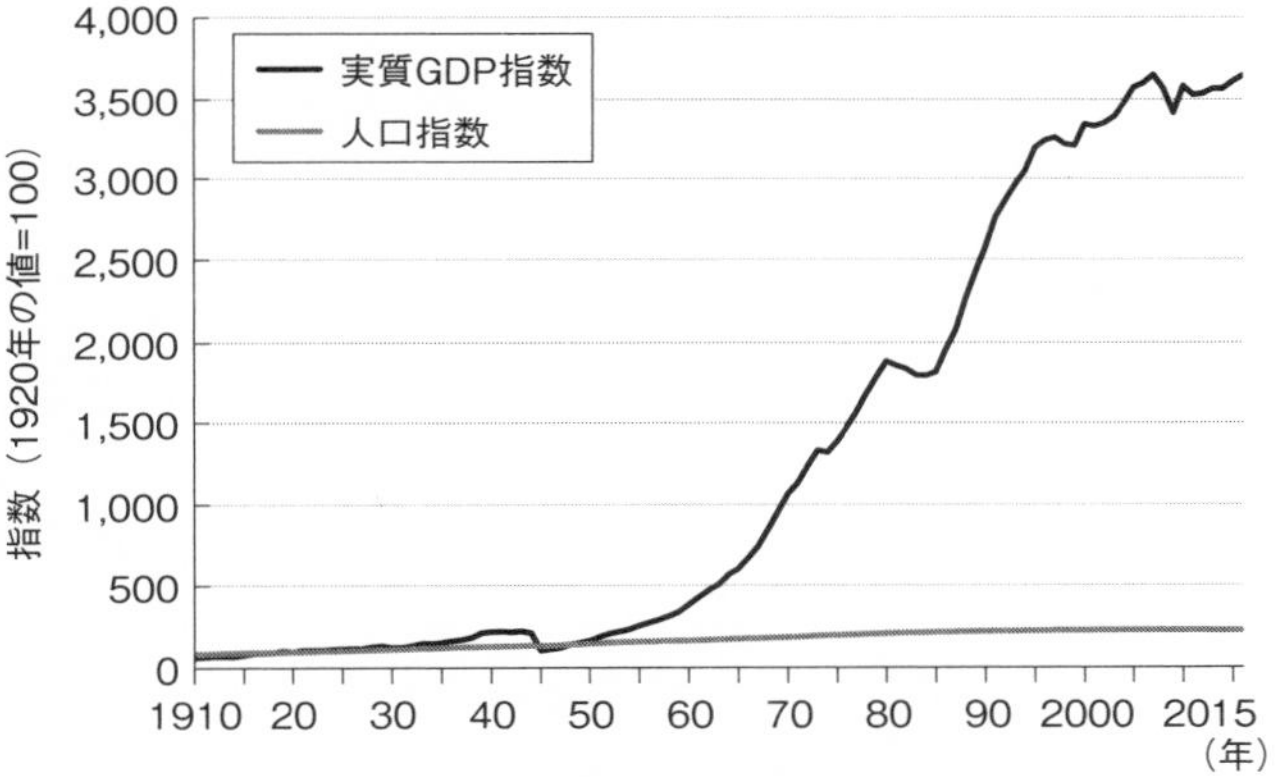

図２　人口と実質GDPの時系列変化

University of Groningen, Maddison Project Database（MPD）2018※を基に日本先進会が加工・作成
※https://www.rug.nl/ggdc/historicaldevelopment/maddison/よりダウンロード可能

拡大しない」という理屈がおかしいということは、誰にでもわかるはずです。実際に、これは経済学者の吉川洋氏も主張しているように、過去の１００年以上の「日本の人口と経済成長」の関係性を見れば、その二つが連動していないことは明らかです。要するに、一人一人の国民が経済的により豊かになるためには、生産性向上によって、一人一人の国民がより大きな価値を生み出せるようになるしかないのです。

鳩山　外国人労働者を招き入れるという発想については、もちろん日本国民と外国人労働者がウィンウィンになるような形であれば、私たち日本先進会も大いに賛成です。しかし、自民党政権が力を入れている外国人労働

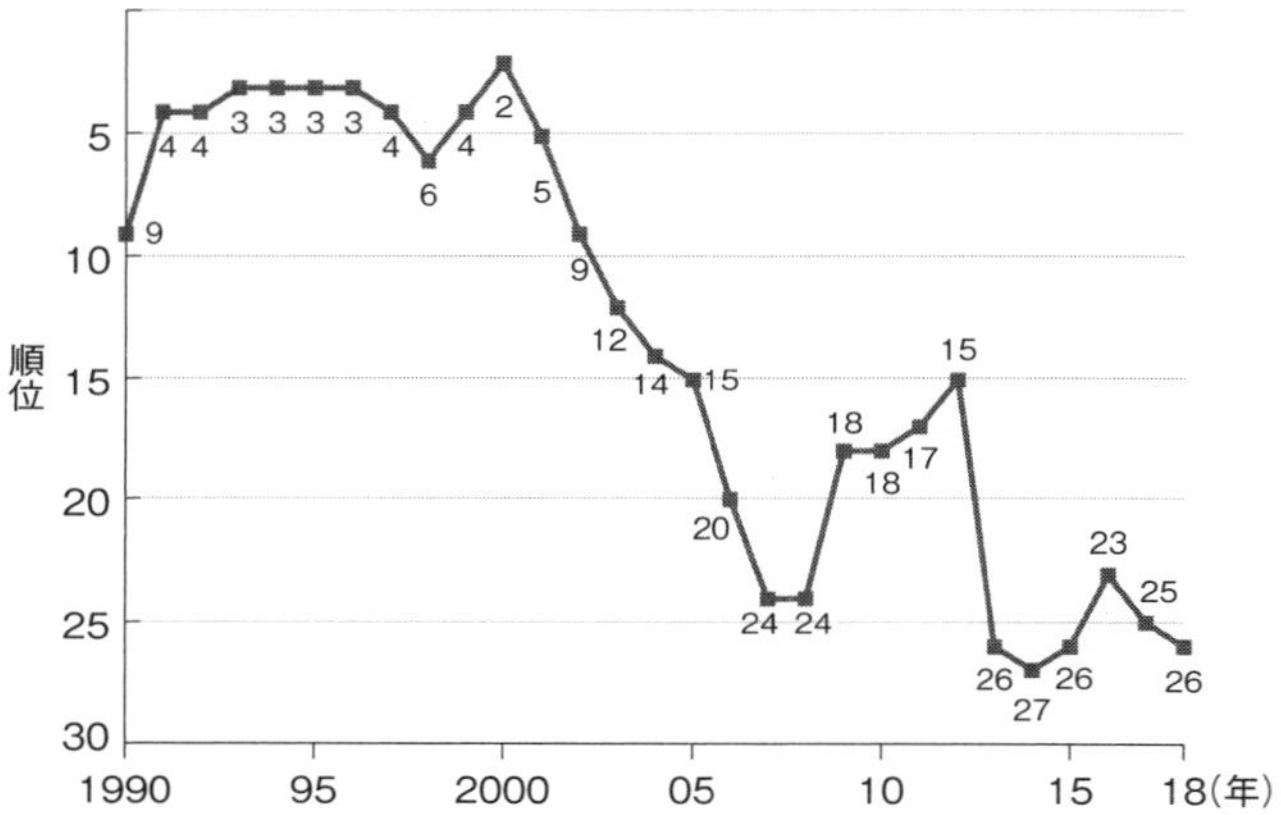

図3　日本の一人当たりの名目GDP(USドル)ランキングの推移

IMF World Economic Outlook Database （2019年10月）を基に日本先進会が加工・作成

者の受け入れ政策は、単純に人手不足の業界の低賃金労働を外国人に押しつけているだけの話であり、大いに反対です。

特に複数のメディアによって、一部の外国人労働者が異常な低賃金や劣悪な労働環境に苦しめられているということが報じられており、これは人権という観点から決して許されることではありません。そして日本経済という観点では、日本国民自身は「仕事と人材のミスマッチ」を解消しようともせず、「そもそもムダな仕事にムダな人数と時間をかける」という低生産性を放置しながら、それを外国人労働者に過酷な低賃金労働をしてもらうことでカバーしようというのは、率直に言って最低だと思います。

日本の「一人当たりGDP」は30年前には世界でトップクラスだったのが、今では30位くらいにまで低下しています。このまま日本国民が自らの生産性向上を放棄して、安易に外国人労働者に依存しようとすれば、今から10~20年後にはもっと酷い状況になってしまうかもしれませんし、その時には外国人に見向きもされない国になってしまうかもしれません。そのような事態を避けるためにも、とにかく日本国民自身が生産性向上に取り組むしかないのです。

格差是正

――では三つ目の「格差是正」には、何が必要なのでしょうか？

鳩山　日本先進会は、社会保障・教育・雇用制度・税制の改革を通じて、抜本的な格差是正を実現すべきと考えています。

まず社会保障については、全ての国民に対して保障すべき「健康で文化的な最低限度の生活」の水準自体を切り上げる必要があります。たとえば今の社会保障では、国民年金の支給額があまりにも少ないことや、介護保険によって提供されている介護サービスが不十分で、

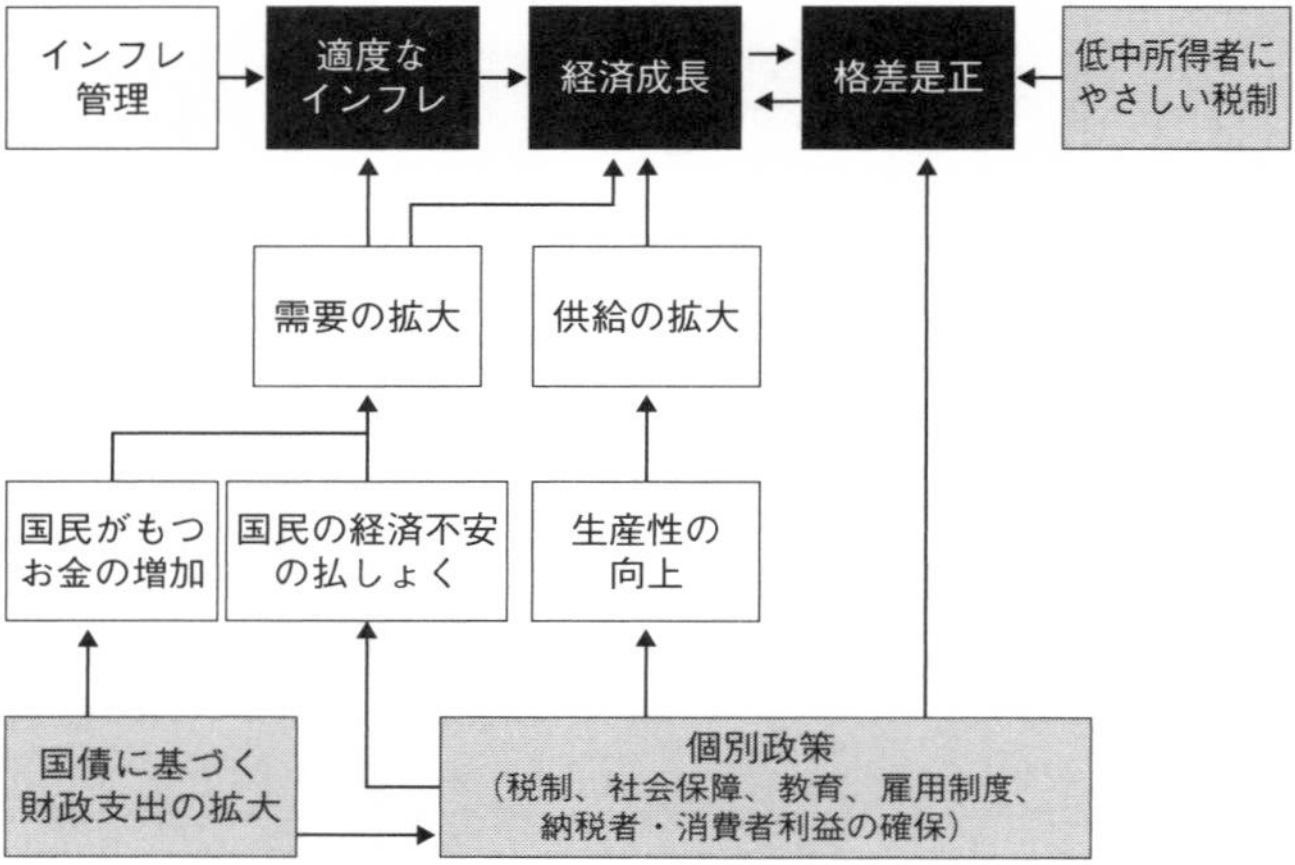

図４　日本先進会の社会経済政策の全体イメージ

要介護の高齢者の家族が疲弊・崩壊してしまうなど、明らかに全ての国民に対して「健康で文化的な最低限度の生活」を保障することができていません。

また教育については、塾などに行かなければ非合理的な受験競争を勝ち抜くことができないために、家庭の経済状況が子どもたちの教育格差に直結しています。つまり家庭が裕福であればあるほど子どもは良い教育を受けることができ、その子どもは将来的に裕福になりやすいという、いわば「格差の再生産」が起きてしまっている。こういった状況は抜本的に変えなければなりません。

長島　雇用制度においては、とにかく正規労働者と非正規労働者の非合理的な格差を解消しなければなりません。非正規労働者は、たとえ正規労働者と同等以上の価値を生み出しているとしても、低賃金や解雇のリスクを負っている。ちなみに、安倍政権が掲げた「同一労働・同一賃金」も、経営者には逃げ道がいくらでもあり、実効性がありません。結論としては、正規労働者と非正規労働者の非合理的な格差を解消するためには、労働者全体を経営者による横暴からきちんと保護することを前提に、正規雇用という枠組みそのものを撤廃するしかないのです。そしてそれが、非正規労働者はもちろんのこと、労働者全体の賃金上昇にもつながります。

また税制については、「フローに対する税金」から「ストックに対する税金」へ抜本的にシフトするとともに、特に低中所得者に有利な「消費税一律還付金」を支給することによって、真面目に働いて価値を生み出す労働者が、経済的により報われやすくすべきと考えています。

2　金融政策・財政政策・税制

――ではここから、社会経済政策の各論についてお聞きしていきます。

鳩山　社会経済政策として最初に考えるべきなのは、金融政策・財政政策・税制です。それは、これらが全ての政策の基盤となる重要な要素だからです。結論として、今の日本で適度なインフレ・経済成長・格差是正を実現するためには、「①国債に基づく財政支出の拡大」によって、国民の経済不安を払しょくするとともに、国民がもつお金を増やして、社会全体の需要を拡大すること、「②抜本的な税制改革」によって、真面目に働いて価値を生み出している労働者の税負担を大幅に軽減しつつ、社会全体の生産性も向上させること、そして「③インフレ管理委員会の新設」によって、過度なインフレのリスクを確実に回避すること、の3つが必要です。

国債に基づく財政支出の拡大

（著者注：このテーマには専門的な内容が含まれていますので、難しいと感じた場合は流し読みをしてください！）

——ではまず、「国債に基づく財政支出の拡大」について教えてください。

長島　先ほどお話ししたように、今の日本では、長期的なデフレ・低インフレから完全に脱却し、「インフレ率2～3％程度」のインフレ目標を達成するため、そして中長期的な経済成長を実現するために、需要の拡大が必要です。

そもそも政府が直接的に需要を拡大する手段は主に3つありますが、それは「金融緩和」・「国債に基づく財政支出」・「減税」です。しかし今の日本では、既に黒田日銀によって金融緩和の限界が示されているとともに、政府が財政支出によって解決すべき問題が山積みになっているため、「国債に基づく財政支出の拡大」を最優先にすべきです。

ただ「減税」については、日本先進会はあくまで全体としては減税を優先すべきではないものの、真面目に働いて価値を生み出している労働者の税負担は大幅に軽減すべきと考えていますので、それについては後ほど税制のところでお話しします。

——既に黒田日銀によって金融緩和の限界が示されているとは、どういうことでしょうか？

長島　黒田日銀が長期にわたって異次元金融緩和を続けてきたにもかかわらず、未だにインフレ目標が達成されていないということです。

黒田日銀の異次元金融緩和は、デフレや低インフレを脱却するために、まずは金融政策を最大限に駆使したという意味で、基本的には正しかったと言えるでしょう。しかし、どれだけマネタリーベース、つまり民間金融機関がもつお金を増やしても、あるいは長期国債まで超低金利にしても、インフレは起きていない。その理由は単純で、需要がそれほど拡大していないからです。需要がそれほど拡大していなければ、生産者はモノやサービスの価格を上げられないし、たとえ金利が非常に低くても、積極的にお金を借りて新しい事業投資を増やすこともできないから、労働者に支払う賃金をそれほど増やすこともできない。その結果、やはり社会全体として需要が拡大しない。だからこそ、インフレが起きてこなかったのです。

ただ、恒常的な低金利や低インフレは日本だけでなく世界的な問題になっているのであり、それは欧州やアメリカではJapanification、つまり「日本化」と呼ばれることもあります。

――では、低インフレの原因が需要不足であるとして、需要がそれほど増えない根本的な原因は何なのでしょうか？

鳩山　その最大の原因は、多くの国民が経済不安を抱えているということです。多くの国民は、収入や貯蓄が少ないことに悩んでいるとともに、老後の医療や介護、年金にも不安を感じている。また子育て世帯は、子どもの教育費などの心配もある。そういう経済不安が大きい中では、需要が拡大するはずはありません。

　ではどうすればいいのかというと、その答えが「国債に基づく財政支出の拡大」なのです。政府が社会保障や教育などを抜本的に充実化することによって、国民の経済不安を取り除きつつ、国民がもつお金を増やすということです。それによって、需要は確実に拡大するでしょう。

――政府が国債に基づく財政支出を拡大して、社会保障や教育などを充実させれば、国民の経済不安を取り除けるというのはわかるのですが、なぜそれが、国民がもつお金を増やすということにもつながるのでしょうか？

長島　そもそも財政支出とは、たとえば各個人に対する社会保障の給付金にしろ、公共工事を行う建設業者に対する工事代金にしろ、とにかく何らかの形で、政府が民間の個人や会社に対してお金を支払うということです。要するに、政府が直接的に国民の収入を増やすことができる。一方で、政府が国債を発行する時には、基本的に金融機関以外の民間の個人や会社がお金を支払うことはありません。

つまり政府が国債を財源にして財政支出を行うということは、政府が新しいお金を作って、それを国民に渡しているのと同じなのです。民間の個人や会社がもつお金は「マネーストック」と呼ばれますが、要するに、政府が国債を財源にして財政支出を行うと、マネーストックは増えるということです。

――なるほど。しかしここで、そもそも国債に基づく財政支出の拡大は可能なのかというポイントが重要だと思います。先ほどのお話では、日本の財政は危機的だという主張は間違っているとのことでしたが、その点について教えてください。

鳩山　これまで長い間、日本の政治が停滞してきた原因はいくつもありますが、その一つが財政に関する懸念でした。私の父がかつて率いていた民主党も、最終的には消費税率の引き上げによって内部分裂し、崩壊してしまいました。

１９９０年代半ば以降、日本は少子高齢化によって生産年齢人口が減り続けた一方で、社会保障費は大きく増加してきました。その社会保障費を賄うために、政府が恒常的な財政赤字を計上し続けてきた結果、日本の対ＧＤＰ比の国債発行残高は世界最高水準まで膨らんだわけです。そして国債を借金と見なすならば、「日本は借金まみれで大変だ」ということになってしまい、だから一刻も早く財政を健全化しなければならない、つまり国債発行を増やすことは難しいし、増税を検討しなければならないということにもなってしまう。しかし多くの国民は、ただでさえ生活が苦しいわけですから、増税など望むはずがありません。だからこそ政策のオプションが限定的になってしまい、政治が停滞してきたわけですね。

ただ問題は、「国債を借金と見なすならば」という根本的な仮定が間違っているということです。日本国債は形式的には借金ですが、本質的には借金ではありません。そして国債を借金と見なさなければ、「日本は借金まみれで大変だ」ということにはなりませんから、財政健全化が必要ということにもなりませんし、財政が原因で政治が行き詰まることもなくなるのです。

――「日本国債は形式的には借金だが、本質的には借金ではない」とは、どういうことでしょうか？

長島　日本国債は、確かに借金という形式にはなっています。しかし同時に、それは「政府は絶対に返済できるから」という理由で、本質的には借金ではないのです。絶対に返済できる借金は、もはや借金ではない。

　ではなぜ、日本政府は日本国債を絶対に返済できるのかと言えば、それは日本国債が全て自国通貨建て、つまり日本円建てだからです。日本政府には、日銀、つまり日本銀行という子会社がありますよね。日銀は日本政府に対して、いくらでも日本円を供給することができます。だから日本政府が、「国債を返済するための日本円が手元にない」という状況になることはあり得ません。言い換えれば、日本政府は日本国債を絶対に返済できるのです。

――なるほど。しかし、日銀はいざとなった時に、政府に対して本当に資金を供給するのでしょうか？　日銀には「独立性」があるのではないですか？

長島　仮に、日本国債のデフォルト、つまり政府の手元に資金がなくて国債を返済できない状況が目の前に迫っているとして、その状況を日銀が放置することはあり得ないでしょう。日本全体にとって何もメリットがないからです。つまり日本に限らず、どんな国であっても、政府の意図に反して自国通貨建て国債がデフォルトすることはないのです。１９９０年代のロシアのように、外国通貨建て国債がデフォルトに追い込まれた時に、政府が自国通貨建て国債も裁量的にデフォルトさせるということはあり得ますが、それはあくまで政府の裁量に過ぎません。

　そしてもう一つのポイント、日銀の「独立性」についてですが、このポイントは確かに重要です。しかしそれは、独立した日銀が、政府や国民の利益に反して何をやってもいいということでは決してありません。政府が金融政策の「目的」を設定して、その目的を達成するために、独立した日銀が「手段」を決め、その手段を実行する。これこそが健全な姿です。

――そうすると、日本政府は国債をいくらでも発行できるということなのでしょうか？

鳩山　そうではありません。政府が日銀からいくらでも資金を調達でき、自国通貨建て国債なら絶対に返済できるからと言って、国債をいくらでも発行できるという結論にはならないのです。

では政府が国債を発行できる限度は何によって決まるのかですが、それはインフレ動向です。社会経済にとって適度なインフレは「インフレ率2～3％程度」であるということは既にお話ししましたが、一方で、それ以上の過度なインフレは経済の混乱につながるリスクがあるため、望ましくない。政府が国債を発行しすぎると、マネーストックが増えすぎてしまうため、過度なインフレにつながってしまうリスクがあるのです。

――最近ではＭＭＴ（現代貨幣理論）が注目されていますが、「自国通貨建て国債のみを発行する国では、過度なインフレが起きない限り、国債発行は問題にならない」という主張については、日本先進会も同意するということですね？

鳩山　ＭＭＴには様々な要素が含まれていますので、「ＭＭＴに完全に同意する」と言うことはできませんが、最も大切だと思われる「自国通貨建て国債のみを発行する国では、過度なインフレが起きない限り、国債発行は問題にならない」という主張は、完全に正しいと考えます。

――しかしＭＭＴに対しては、「金利上昇や通貨安のリスクが考慮されていない」という批判もあるようですが、いかがでしょうか？

長島　まず金利上昇リスクに関しては、無尽蔵にお金を作り出す能力をもっている中央銀行は、国債金利を完全にコントロールすることができますから、非合理的な国債金利の上昇は起きません。これは元々理論的に明らかなことでしたが、日本では黒田日銀の「イールドカーブ・コントロール（短期金利だけでなく長期金利も金融政策の操作対象にすること）」によって実証されました。また、国債金利以外の金利全般については、過度なインフレのリスクがない限り、過度な金利上昇が起きることはありません。インフレが起きれば、それはモノやサービスに対してお金の価値が下がるということですから、お金の貸し手は、借り手からより高い金利を受け取らなければ、ビジネスとして割に合わなくなってしまう。だからこそインフレと金利は基本的に連動するのであり、逆に言えば、過度なインフレが起きていないにもかかわらず、過度な金利上昇が起きることはないのです。

インフレと連動するというのは、為替レートも同じです。日本でインフレが起きるということは、日本で供給されるモノやサービスに対して、日本円の価値が下がるということです。そして日本円の価値が下がれば、必然的に為替レートも円安方向に動きますよね。つまり、インフレと為替レートも基本的に連動するのであり、過度なインフレのリスクがない限り、過度な円安が起きることもないのです。

――たとえば日銀が債務超過に陥ると、通貨の信認が毀損して、過度な円安が起きてしまうのではないですか？

鳩山　そもそも日銀が債務超過に陥るということは、大量に保有している国債の金利が上昇して、国債の価格が下がっているという前提になりますが、今まさに、そうはならないのだということをお話ししました。

また、仮に日銀が債務超過に陥るという事態を想定しても、日銀単体で考えるのはおかしい。繰り返しになりますが、日銀はあくまで政府の子会社です。したがって、日銀のバランスシートを気にするならば、政府との連結ベースで見るべきでしょう。これが「統合政府」という考え方です。

そして統合政府のバランスシートという観点では、日本は既に20年くらい前から債務超過です。しかし、経済を大混乱させるような過度な円安は起きてこなかった。その理由は単純で、統合政府が債務超過であるかどうかに関係なく、日本の実体経済において過度なインフレが起きてこなかったからです。言い換えれば、日本で日本円を支払えば十分なモノやサービスを買えるのに、日本円の価値が大きく下がるはずがない。つまり、過度な円安が起きるはずがないのです。

ではなぜ、日本では過度なインフレが起きてこなかったのかというと、それは、日本経済の供給力が、需要と比較して十分に強かったからということに尽きます。需要と比較して供給力が十分にあれば、モノやサービスが不足しないので、価格が上がりにくい。つまり、インフレが起きにくいのです。

――わかりました。それ以外では、たとえば「このまま国債発行残高が増え続けていけば、国債の格付が下がってしまう」という懸念もありますが、どうでしょうか？

長島　国債の格付については、そもそも国際社会全体として、Moody'sやS&Pなどの格付会社に対して、自国通貨建て国債の格付自体を廃止するように要求、あるいは規制すべきでしょう。債券格付の根幹は、「その発行体が借りたお金を返せるかどうか」に尽きます。そのような意味では、先ほどもお話ししたように、どんな国であっても、政府が自国通貨建て国債を返済できないということはあり得ませんから、そもそも自国通貨建て国債に格付があるということ自体がおかしいのです。

――なるほど、やはり「自国通貨建て国債のみを発行する国では、過度なインフレが起きない限り、国債発行は問題にならない」という結論は動かないということですね。しかし、日本が自国通貨建て以外の国債を発行するということはあり得ないのでしょうか？

長島　日本が自国通貨建て以外の国債、たとえば米ドル建て国債を発行しなければならないとすれば、それは日本経済の供給力が極端に低下してしまう場合でしょう。日本経済が全体として弱体化して、輸出競争力もなくなり、対外直接投資も減少すれば、外貨を稼げなくなりますから、政府が米ドル建て国債を発行せざるを得なくなるかもしれません。しかし、それは仮に起きるとしてもずっと先のことであり、そういう事態にならないためにも、教育をはじめとした社会インフラを強化する必要があります。そしてそのために必要なのが、十分な財政支出です。財政支出さえ拡大すれば供給力が上がるわけでは決してありませんが、とにかく十分かつ合理的な財政支出も活用して、日本経済の供給力を強化することはできます。

つまり、非論理的な財政危機論に惑わされて国債発行を否定してしまい、結果的に十分な財政支出を実行できないというのは、あまりにも馬鹿げた話なのです。

——将来の日本についてのお話が出ましたのでお聞きしますが、国債については、「次世代に多額の借金を残してはならない」という主張もありますが、どのように反論しますか？

鳩山　繰り返しになりますが、自国通貨建て国債は本質的には借金ではありませんから、「次世代に多額の借金を残してはならない」という主張はそもそも的外れです。政府は自国通貨建て国債を返済するという目的で、次世代の国民から余計な税金を徴収する必要はありません。

私たちが次世代に残してはいけないのは国債ではなく、供給力が不足して、過度なインフレが起きてしまうような、「脆弱な経済」です。つまり、十分かつ合理的な財政支出も活用して、日本経済の供給力を強化し続けることこそが、今を生きる私たちの責務なのです。

——ここまでのお話はよくわかりました。日本国債は自国通貨建てだから、本質的には借金ではない。だから、たとえ国債発行残高が世界最高水準であるとしても、財政健全化が必要ということにはならず、財政が原因で政策のオプションが限定的になるのも、政治が行き詰まるのもおかしい。今の日本では、過度なインフレが起きない限り、国債発行は問題にならない。そういうことですね？

鳩山　その通りです。ただ重要なのは、国債に基づく財政支出を拡大するとしても、それは「何でもいいから財政支出を拡大しよう」ということでは全くないということです。ＭＭＴが正しいと主張する論者の中には、「政府が財政支出をすれば国民の収入が増え、国民がそのお金を使うと、今度は別の国民の収入が増えるといった具合に、国民が連鎖的にお金を使えば経済はどんどん活性化するから、ムダな財政支出などという概念はない」という暴論を展開する方もいるのですが、仮にそれが正しいなら、たとえばあまり価値を生み出していない国会議員の報酬を年間１００億円にしてもいいということになります。そんな馬鹿げた話はありません。

「ムダな財政支出」というものは確かに存在するのであり、政府はそれをできるだけ排除すべきです。そしてムダな財政支出を排除すれば、その分、有意義な財政支出を増やすことができるし、減税することもできる。なお、ムダな財政支出を排除するための手段としては、後ほど「行政全般の合理化」や「国家監査院の新設」のところでお話ししたいと思います。

抜本的な税制改革

――では次に、「抜本的な税制改革」について教えてください。

鳩山　日本先進会は、①抜本的な格差是正のために、真面目に働いて価値を生み出している労働者の税負担を大幅に軽減しつつ、資産課税を強化すること、そして、②税制の徹底的な合理化・シンプル化によって、経済成長を実現することを提案します。結論としては、日本先進会が掲げる税制はこちらです。

◎フローに対する税金（社会保障の保険料も含む）

- 所得税（個人住民税・個人事業税なども含む）：10年で段階的に廃止する
- 法人税（法人住民税・法人事業税なども含む）：10年で段階的に廃止する
- 社会保障の保険料：10年で段階的に廃止する
- 消費税：課税ベースを拡げた上で、税率を10年で段階的に40％まで引き上げる
- 消費税一律還付金（新設）：19歳以上の全ての国民に対して一律に月2万円を支給し、消費税と連動する形で、10年で段階的に月8万円まで増額する（ただし物価水

準に応じて変動）

◎ストックに対する税金

● 資産税（新設）：全ての個人・法人が保有する「金融資産」および「居住していない土地」の時価に対して一律に課税し、税率を10年で段階的に月0・25％程度まで引き上げる

● 固定資産税・都市計画税・相続税・贈与税など：10年で段階的に廃止する

長島　この税制改革による変化をわかりやすくするために、具体的なケースを考えてみましょう。

たとえば計算を簡単にするために、夫婦で世帯月収50万円、貯蓄４００万円の家庭を想定してみますが、今の税制では月収50万円の場合、所得税や社会保険料を引かれて、手取りは約40万円です。その上で、たとえば消費金額が30万円で、そのうち消費税の対象となるのが20万円である場合、消費税を10％とすれば、消費税額は２万円になり、「手元に残るお金」は８万円ということになります。

それに対して、日本先進会が提案する10年後の税制では、所得税や社会保険料が引かれな

表1　日本先進会の税制による変化

	現在の税制	日本先進会の税制（10年後）	
月収	50	50	
消費税一律還付金	なし	＋16	還付金は一人8万円
所得税・住民税・社会保険料など	−10	なし	消費税一本化のため廃止
消費税がかからない支出	−10	0	10万円が新たに消費税の課税対象になる
消費税がかかる支出	−20	−30	
消費税	−2	−12	消費税率は10%から40%へ
資産税	なし	−1	貯蓄400万円に対する資産税0.25%
手元に残るお金	8	23	手元に残るお金は15万円増える！

（夫婦で月収50万円、貯蓄400万円の世帯を想定）

いだけでなく、消費税一律還付金が夫婦それぞれに8万円、合計16万円が支給されるため、手取りは66万円になります。その上で、消費税の課税ベースが拡がることによって、たとえば消費金額30万円が全て消費税の対象になるとすると、消費税は40％ですから、消費税額は12万円になります。また貯蓄は0・25％の税率で課税されるため、400万円の場合は新たに1万円が資産税として徴収されることになります。つまり、「手元に残るお金」は66−30−12−1＝23万円となり、8万円と比較すると15万円程度も増えますから、その分、消費や貯蓄を増やせるということになるわけです。これによってもちろん、真面目に働いて価値を生み出している現役世代の家計は大幅に改善しますし、社会経済全体として、消費を中心とした経済活動が活性化されるわけです。

――かなり大胆な提案ですね。では一つずつお聞きしていきますが、まず全体として、なぜ「フローに対する税金」と「ストックに対する税金」に分けて整理しているのでしょうか？

鳩山　経済には「フロー」と「ストック」という二つの側面があります。つまり、前者が「富の創出」で、後者が「富の蓄積」ですね。そしてフローとストックにはそれぞれ税金が存在するわけですが、今の日本ではフローに対する税金の割合が大きすぎる。日本先進会は社会保障の保険料も「税金」と見なしますが、それと地方税も含めた全体の税収のうち、ストックに対する税金の割合は10％未満に過ぎず、残りは全てフローに対する税金なのです。フローに対する税金は、「生産や消費に対する懲罰」にもなってしまいますから、その割合が大きすぎれば、国民の経済活動を停滞させるという意味で、経済成長を阻害してしまいます。

また資本主義社会では、「富が富を生む」ということも重要です。たとえば毎日のように必死で働き、きちんと価値を生み出している労働者が年収２００万円程度というケースもある一方で、たとえば1億円の金融資産をもっている人は、自分自身は他者のために何も価値を生み出していないとしても、配当収入だけで同じくらいの金額を稼ぐことができてしまう。もちろん、それ以上の資産をもっている人もたくさんいる。このような格差を放置しては、いずれ社会が崩壊してしまうかもしれない。それを防ぐためには、フランスの経済学者であるトマ・ピケティ教授も著書『21世紀の資本』の中で主張していたように、ストックに対する税金を抜本的に強化しなければならないのです。

――では「フローに対する税金」は、どのようにするのでしょうか？

長島　フローに対する税金については、所得税・法人税・社会保障の保険料を廃止して、消費税に一本化しつつ、新たに「消費税一律還付金」を作ります。これは簡単にまとめれば、フローに対する税金を最大限にシンプル化・合理化すると同時に、消費税における低中所得者の負担を大幅に軽減する、あるいは実質ゼロにするということです。

――「消費税一律還付金」については後でお聞きするとして、フローに対する税金を消費税に一本化して、所得税や法人税を廃止することに問題はないのでしょうか？　税金を消費者だけに課して、個人事業主や労働者、法人には課さないというのは、おかしいのではないでしょうか？

長島　まず、「消費税を支払うのは消費者であり、所得税や法人税を支払うのは個人事業主・労働者・法人である」という固定観念から脱却すべきです。なぜならフローに対する税金を本質的に支払っているのは「消費者」でもあるし、雇用されている労働者も含めた「個人事業者や法人」でもあるからです。労働者の所得も含めて、個人事業者や法人の課税所得は全て、元々は消費者が支払ったものですよね。つまり個人事業者や法人は、いずれ所得税や法人税を支払うことを見越して、そのコストをモノやサービスの価格に反映している。それはすなわち、所得税や法人税を負担しているのは、結局は消費者だということです。

消費税についても同様で、消費税率を引き上げる時に、個人事業者や法人が反対することも多いわけですが、これは消費税の引き上げ分をモノやサービスの価格に転嫁することができないと、個人事業者や法人の利益の減少に直結してしまうからです。この場合はつまり、「消費税の引き上げ分を負担しているのは個人事業者や法人だ」ということです。さらに言えば、実際にキャッシュフローとして消費税を政府に納めているのは個人事業者や法人です。とにかく、「消費税を支払うのは消費者でもあるし、個人事業者や法人でもある」と認識すべきなのです。

鳩山　それを踏まえた上で、そもそもフローに対する税金は、税務署が課税所得を精緻に確認することが難しいということが大きな問題です。課税されるべき売上がきちんと計上されているかはもちろん、控除できるコストだけが控除されているかも確認することが難しい。より簡単に言えば、「控除できる事業コスト」と「控除できない個人的な支出」を区別するのが難しいということです。

たとえば所得税は、一般的に「累進税率だから高所得者に厳しい税金だ」と理解されていますが、実際はそれほど単純ではありません。なぜなら、個人事業主や会社のオーナーである富裕層や、副業で不動産会社を経営する高所得サラリーマンなどは、多種多様な節税手段をもっているために、実質的に所得税や法人税の支払いが非常に少ない、あるいはゼロのケースもたくさんあるからです。その節税手段の一つが、本来は控除できない個人的な支出を事業コストとして計上し、課税所得を少なくして、税金を少なくするという方法です。わかりやすい例を挙げれば、家族旅行を「出張費」や「視察費」としてコスト計上したり、単なる友人との会食を「接待費」や「交際費」としてコスト計上したりということです。

もちろん消費税でも同じ問題が発生するリスクはあるわけですが、日本先進会は、そもそもフローに対する税金は、税務署が課税所得を精緻に確認することが難しいのだから、今は複数あるものを消費税に一本化することが、国民にとっても政府にとっても合理的だと考えているのです。

長島　実際に、過去の世界銀行の調査では、税制のシンプル化や合理化は、行政や民間でムダなコストを削減できるという意味で、減税よりも大きな経済効果につながるという結論が得られています。逆に言えば、今の日本の税制はムダに複雑で非合理的であるからこそ、経済成長を阻害してしまっているのです。

――なるほど。しかし所得税を廃止すると、累進税率による「富の再分配」の機能が失われてしまうのは確かなのではないでしょうか？

鳩山　そこで必要になるのが、「消費税一律還付金」なのです。

消費税には、いわゆる「逆進性」の問題があります。つまり低所得であればあるほど、収入に対する支出の割合が高いから、消費税のように税率が一定であると、低所得であればあるほど、「実質的な税率」が高くなってしまうということですね。その逆進性の問題を解消するためにこそ、消費税一律還付金を新設する。これは、19歳以上の全ての国民に対して、「消費税を一律に還付する」という名目でお金を支給するというものです。具体的な支給金額は物価水準に応じて変動させるべきですが、たとえば今の物価水準で、当初、消費税が10％の時点では、支給金額は月2万円にする。そうすれば、20万円分の消費に対する消費税は「実質ゼロ」になります。そして、この月2万円という支給金額は、低所得であればあるほど、実質的な恩恵が大きくなるため、消費税がもつ逆進性の問題はきちんと解消されます。そして、消費税率を10年で段階的に40％まで引き上げていくと同時に、消費税一律還付金も増額していく。仮に物価水準が変わらないとすれば、10年後に消費税率が40％になった時点では、月8万円になるということですね。

また、仮に高所得者の消費性向が低い、つまり収入に対する支出の割合が低いとしても、後でお話しする「資産税」の新設によって、富裕層や高所得者の貯蓄に対する課税が抜本的に強化されますし、これも後ほど詳しくお話ししますが、社会保障や教育などにおける「非常に充実した一律給付」も、低所得であればあるほど、実質的な恩恵が大きくなります。要するに、所得税の累進税率をなくすとしても、日本先進会が提案する社会経済政策を全体的に考えれば、むしろ「富の再分配」の機能は確実に強化されるということなのです。

長島　ちなみに所得税の累進税率がなくなれば、「ビルトイン・スタビライザー」、つまり景気やインフレが過熱した場合に国民全体としての所得税率が自動的に上がり、冷却作用が働くという機能もなくなります。ただ、ビルトイン・スタビライザーは景気やインフレを管理するための「唯一の合理的手段」というわけではありませんし、そもそも政府・日銀には最終的に裁量的な政策判断を行うための権限が必要なのは確かなので、これは大きな問題にはならないでしょう。インフレ管理の具体的な手段については、後ほど丁寧にお話しします。

それから、累進税率も含めて所得税を廃止することによって、高所得者がより大きな恩恵を受けるのは確かですが、日本先進会はそれで問題ないと考えています。今の所得税の最高税率は住民税も合わせると55％なのですが、それはあまりにも高すぎる。つまり、今が「取られすぎ」の状態なのです。日本先進会は所得水準にかかわらず、「真面目に働いて価値を生み出している労働者」を最大限に尊重すべきと考えています。

これまでの日本の政治は、「税金が足りなくなったら、とりあえず高所得者の税金を増やせばいい」という発想だったと思いますが、それはあまり健全とは言えません。高所得者というのは、犯罪でもしていない限り、政治家という例外を除いて、大きな価値を生み出しているからこそ高所得なのであり、その人たちから取れるだけ取ろうという発想では、「努力や工夫が報われない社会」になってしまうのです。

――わかりました。では、社会保障の保険料まで廃止するのはなぜなのでしょうか？

長島　その理由は単純で、わざわざ税金とは区別して、社会保障の保険料を徴収する合理性がないからです。

社会保障の保険料を徴収する意義があるとすれば、それはその保険料収入の範囲内でのみ、社会保障を提供する場合に限ります。しかし実際には、今の日本では保険料だけでは社会保障を賄うことができていない。もちろん保険料は社会保障の主な財源ですが、実は全体の約6割に過ぎず、残りの約4割は税金なのです。そうだとすれば、税金も保険料も、同じように国民が政府に対して支払っているものですから、わざわざ二つに分ける必要はないという結論になります。わざわざ二つに分けているということは、その分、制度の管理・運営が複雑になることで、行政でも民間でも余計なコストが生じており、それが経済成長を阻害してしまっているわけです。

――では消費税に話を戻しますが、なぜ課税ベースを拡げる必要があるのでしょうか？

鳩山　それは、税制全体における「フローに対する税金」と「ストックに対する税金」のバランスを考えた時に、税率との兼ね合いも含めて、今の課税ベースでは十分な税金を徴収できないからです。先ほどお話ししたように、今の税制では「フローに対する税金」が全体の9割以上を占めています。日本先進会は、格差是正や経済成長のために、10年の段階的な移行措置によって、「フローに対する税金」の割合を全体の3～4割にすべきと考えています。そのような前提の場合、消費税一律還付金も考慮すると、消費税の課税ベースは拡大する必要があるのです。

より具体的には、たとえば今は家賃が非課税ですが、家賃も課税対象にすべきでしょう。ただもちろん、それによる低中所得者の負担増加を十二分にカバーするために、先ほどお話ししたような手厚い消費税一律還付金を支給するということです。

消費税の具体的な税率や金額についてまとめると、消費税率は今が10％ですから、1年後には13％、2年後には16％となっていき、10年後には最終的に40％になる。そして消費税一律還付金は、物価水準が変わらない場合、当初が月2万円で、1年後には月2・6万円、2年後には月3・2万となっていき、10年後には最終的に月8万円になるということですね。なお、消費税一律還付金を導入する以上、あまりにも複雑で評判の悪い「軽減税率」は、もちろん必要なくなります。

——わかりました。フローに対する税金を消費税に一本化することについて、何か他にポイントはありますか？

長島　フローに対する税金を消費税に一本化することは、国際社会における税制改革を先取りした動きであるとも言えます。今は世界的に、特に法人税の捕捉が難しくなっています。たとえば最近のアメリカでは、ＧＡＦＡ（Google, Apple, Facebook, Amazon）のような巨大企業が本国内であまり税金を納めていないことが問題視されており、その状況を是正するために、「ＤＢＣＦＴ（仕向け地主義キャッシュフロー課税）」が提案されてきました。このＤＢＣＦＴは、日本の消費税に近い仕組みなのですが、元々アメリカには連邦レベルで消費税や、消費税と類似している「付加価値税（ＶＡＴ）」がないため、ＤＢＣＦＴを導入すると税制としてかなり大きな変化になってしまうということが懸念され、まだ実現には至っていません。

しかし、これまでお話ししてきたように、消費税は「フローに対する税金」として最も合理的ですので、遅かれ早かれ、世界的に主流な税金になる可能性は高いと言えます。特に消費税や付加価値税は、全ての国が同じ税制を採用することでさらに合理性が増すため、そもそも消費税という仕組みがある日本が、世界的な変化を先取りしていくことは重要だと言えるでしょう。

――なぜ消費税は、全ての国が同じ税制を採用することで、さらに合理性が増すのでしょうか？

鳩山　それは、ある国が消費税を採用していると、その国の企業が、消費税を採用していない国に対して輸出をする際に、消費税が「輸出補助」のような機能を果たしてしまうからです。消費税では、輸入コストは課税対象である一方で、輸出の売上は課税対象にはなりません。輸出の売上が課税対象にならない理由は、輸出先の国で、輸入した仕入れ会社や消費者が消費税を支払う前提になっているからです。つまり、輸出先の国に消費税という制度がなければ、輸出企業はより強い価格競争力をもてるということです。要するに、アメリカのように連邦レベルでは消費税や付加価値税がない国にとっては、他の国が消費税を採用していることは貿易上の問題にもなり得るわけです。

しかしそれは、日本がフローに対する税金を消費税に一本化しない理由にはなりません。日本は日本で、日本国民にとって合理的なことを選択すればいいのであって、外国の意向を窺う必要などありません。むしろアメリカをはじめとした国際社会に、「フローに対する税金の統一化」を呼びかけるべきでしょう。

長島　アメリカではDBCFTについて、たとえば為替レートへの影響などが問題視されていますが、それは現状の非合理的な法人税を維持することが目的化している人々による印象操作に過ぎず、本質的な問題ではありません。為替レートというものは、各国経済の本質的な供給力や、金融政策・財政政策、そして消費税や付加価値税の税率などを反映して、市場において自然と決まるものです。

とにかく日本は、フローに対する税金を「消費税一律還付金を前提にした消費税」に一本化するという、日本国民にとって最も合理的な選択をしつつ、世界的な変化を先取りしていくべきなのです。

――よくわかりました。では次に、「ストックに対する税金」について聞かせてください。

鳩山　日本先進会は、ストックに対する税金は「資産税」という新しい税金に一本化すべきと考えています。これは、全ての個人・法人が保有する「金融資産」および「居住していない土地」の時価に対して一律に課税し、税率を10年で段階的に月0・25％程度まで引き上げていくというものです。

この資産税は非常に重い課税であるため、従来の固定資産税・都市計画税・相続税・贈与税などの個別の資産課税は段階的に廃止されます。また、これは所得税を段階的に廃止していく以上、当然のことではありますが、株式の譲渡益や配当に対する課税もなくなります。そして、フローに対する税金と同様に、ストックに対する税金も資産税に一本化することが、税制の管理・運営コストの抜本的な削減、ひいては経済成長にも寄与します。

――なぜ、この資産税が非常に重い課税だと言えるのでしょうか？

鳩山　まず大前提として、日本先進会が提案する税制改革とは、準備期間も含めてたとえば15年程度の時間軸で、今は全体の9割以上を占める「フローに対する税金」を、格差是正や経済成長のために3～4割にしようということですから、逆に言えば、今は1割に満たない「ストックに対する税金」は6～7割に増えるということであり、資産課税が大幅に増加するということを意味しています。

資産税はたとえ資産に利回りがなくても一律に課税されるものですから、ゼロ金利の預金などの場合は徐々に目減りしていくことになります。また、少し技術的な話にはなってしまいますが、たとえば日本株の長期的な利回りは年5～6％と言われていますよね。今の税制では、株式の譲渡益や配当に対する課税の税率は基本的に20％ですから、たとえば年5％の利回りであれば、1％程度が税金として徴収されるということになりますが、これに対して、資産税の税率は最終的に月0・25％程度にする想定ですから、年では3％程度の課税になります。つまり、実質的な税率が3倍程度になるということを意味します。そのような側面も含めて、これは非常に重い課税であると言えるのです。

――なるほど。より具体的な制度設計として、留意すべきポイントはあるのでしょうか？

長島　これは丁寧な検討が必要ですが、たとえば、金融資産や土地そのものが事業の根幹を成していると言える、金融機関や不動産ディベロッパーなどに対しては、特別措置を講じることはあり得ます。

また、この資産税は基本的に二重課税などの「多重課税」が前提になっています。これはどういうことかと言えば、たとえばある個人が、ある会社の株式をもっているとして、まずその個人の株式が資産税の課税対象になるわけですが、それと同時に、その会社がもっている金融資産や土地も課税対象になるということです。さらに言えば、その会社に子会社があるとすれば、その子会社の金融資産や土地も課税対象になる。この多重課税にかかわる特別措置としては、たとえば連結子会社株式については１００％非課税、持分法適用会社株式については50％非課税にするなどが考えられるでしょう。

鳩山　資産税の基本精神は、「もっているだけで富を生むような資産に課税する」ということです。つまり連結子会社の場合は、親会社がきちんと経営権を取得して、主体的に事業を展開しているということですから、その連結子会社の株式に課税するというのは、資産税の基本精神に反します。だからこそ、１００％非課税にするわけですね。そして持分法適用会社の場合は、親会社が経営に関与できる範囲は限定的だからこそ、たとえば50％だけ非課税にするということなのです。

長島　それから資産税については、控除枠を設けることはしません。その理由は主に二つあります。一つ目は、控除枠を設けてしまうと、個人が節税のために複数の法人を設立するというケースが出てくるリスクがあるということです。そして二つ目は、フローに対する税金を「消費税一律還付金を前提にした消費税」に一本化することによって、低中所得者の税負担は抜本的に軽減されるため、資産の少ない低中所得者からも資産税をきちんと徴収することに問題はないということです。

――わかりました。ただ資産税については、やはり預金などが徐々に目減りしていくという部分に納得できていません。これは「財産権の侵害」にあたるのではないでしょうか？

鳩山　「財産権の侵害」にあたるかどうかという意味では、そもそも全ての税金が「財産権の侵害」ですが、それは「公共の福祉」、つまり政府が国民全体のために財政支出を行うという大義のために認められています。フローに対する税金か、ストックに対する税金かは、あまり本質的な問題ではない。それを踏まえた上で、日本先進会が資産税を導入すべきと考える理由には、「個人投資の促進」も含まれます。ただ、これは「個人もどんどん金融投資をすべきだ」という単純な趣旨ではなく、日本企業のコーポレートガバナンスを強化するということを主眼にしています。

――資産税の導入が、日本企業のコーポレートガバナンスの強化につながるとは、どういうことでしょうか？

長島　当然ながら、資産税を導入すれば、個人は資産の目減りを避けるために、金融投資によって利回りを追求する姿勢を強めるでしょう。もちろんこれ自体も重要なことではありますが、社会全体としては、それより重要なことがあります。

それが、日本企業のコーポレートガバナンスの強化です。簡単に言えば、より多くの国民が日本企業の株主になることで、会社がきちんと利益を生み出しているのか、生産性の向上に努めているかを厳しくチェックするようになるため、それが社会経済全体の生産性向上につながって、結局は国民全体の利益になるということです。日本では一般的に、利益を追求する会社が批判されがちなのですが、それはおかしいと言えます。きちんと利益を生み出している会社というのは、基本的に、それだけ質の高いモノやサービスを供給できているからこそ、利益を生み出している。その基本原則を踏まえれば、より多くの「利回りを求める個人」が日本企業の株主になり、経営を厳しく監視するようになるのは望ましいことなのです。

鳩山　企業に関しては、明らかな余剰資金を非合理的に会社の中に貯め込んでいるケースも多いのですが、資産税は法人の預金も課税対象になりますから、会社はそのような余剰資金を、事業や人材に対する投資に活用するか、株主に還元するかを迫られることになるでしょう。これも、社会経済全体の生産性向上につながると言えます。また、土地も同様です。土地を資産税の課税対象にすることで、国全体として貴重な土地を有効活用しようとするインセンティブが増え、やはり生産性向上につながるわけです。

——なるほど。しかし資産税の導入にあたっては、「資産の捕捉」が必要になるのではないでしょうか？

鳩山　その通りです。ただそれは資産税だけでなく、税制全体の問題であり、結論としては、政府主導の「完全キャッシュレス化」によって、政府が国民の収入や資産を完全に捕捉できるようにすべきでしょう。これについては後でまたお話ししたいと思いますが、とにかく民間企業も含めた個人のインセンティブを充実させて、できるだけ早く実現しなければなりません。そして完全キャッシュレス化を実現するまでの間は、脱税に厳罰を科すなどの特別措置を講じるしかないでしょう。また、ＯＥＣＤが策定した「共通報告基準（ＣＲＳ）」に基づく国際的な資産捕捉の枠組みを今後も強化して、世界各国と協力して、国民が資産を海外に隠すことができないようにすることも重要です。

また土地に関しても、後でお話しするように、国全体として土地の所有者を包括的に明らかにする必要があります。

――わかりました。では、税制について最後にお聞きしますが、日本先進会が提案している税制には国税と地方税の区別がないようですが、それはなぜなのでしょうか？

長島　一般的には、地方税は「地方独自の財源」であると理解されていますが、率直に言って、それは幻想のようなものです。なぜなら一部の例外を除いて、地方自治体は「地方交付税交付金」がなければ財政が立ち行かないからです。つまり、地方財政は基本的に「地方交付税交付金によって帳尻合わせが行われている」という意味で、国の財政に従属している。これは地方自治体が悪いという話では全くなく、単純にそのような構造になっているというだけのことです。とにかく、税制を変えるにあたって、国税と地方税の区別が障壁になることはないのであり、抜本的な税制改革を行っても、従来の地方交付税交付金を適宜調整することによって、地方財政に悪影響が及ぶことは回避できるでしょう。

インフレ管理委員会の新設

（著者注：このテーマにも専門的な内容が含まれていますので、難しいと感じた場合は流し読みをしてください！）

――では最後に、「インフレ管理委員会の新設」について教えてください。

鳩山　ここまでは、今の日本では低インフレ時の財政政策として「国債に基づく財政支出の拡大」が必要であるということ、一方で、「抜本的な税制改革」として低中所得者の税負担を大幅に軽減しつつ、税制は徹底的に合理化・シンプル化すべきということをお話ししてきました。

それを踏まえた上で、将来的に過度なインフレが起きてしまう、つまりインフレ率が３％程度を超えてしまう場合には何が必要になるかというと、まずは日銀による金融引き締めです。ただ、仮に金融引き締めだけではインフレを鎮静化できない場合には、増税も必要になります。増税はより直接的にマネーストックを減少させることができるため、金融引き締めより強力なインフレ鎮静化の手段であると言えます。つまり、金融政策に責任をもつ日銀と、税制に責任をもつ財務省が共同で意思決定をする必要がある。そのために、日銀と財務省が共同で新設すべきなのが「インフレ管理委員会」です。

長島　インフレ管理委員会は、最終的に裁量的な政策判断を行う権限をもつ一方で、事前のルール整備を十分に行うことも非常に重要でしょう。特に、インフレ管理の優先順位としては常に金融政策を優先すること、そして仮に増税が必要であるとしても、低中所得者の税負担の増加をできるだけ抑えるために、「①資産税の税率の引き上げ、②消費税の税率の引き上げ」という順番にすることは、事前に明確なルールとして定めるべきです。

また金融引き締めにおいては、「預金準備率操作」が重要になるとともに、より長期的には「日銀デジタル通貨の導入に基づく民間金融機関の信用創造の廃止」が必要です。ちなみに最近、日銀は「２０２１年度に中央銀行デジタル通貨の実証実験を始める」と発表しましたね。

金融引き締めは、金利を引き上げれば引き上げるほど、インフレを鎮静化できるという単純な構造ではありません。そもそも金融引き締めによってインフレ率が下がるメカニズムとは、金利が高くなれば民間の個人や会社が借入金を減らして、消費や投資が減少するから、モノやサービスの価格が下がるということですが、これはそれほど単純には作用しない。なぜなら、政策金利を引き上げても、マネーストックが単純に少なくなるわけではないからです。

――なぜ政策金利を引き上げても、マネーストックが単純に少なくなるわけではないのでしょうか？

長島　その理由は主に二つあります。一つ目は、政策金利を引き上げるということが、政府から民間金融機関への補助金が増えることと同義だからです。金融引き締めによって日銀当座預金や国債の金利が上昇するということは、統合政府から民間金融機関へのキャッシュフローが増えるということです。ここで重要になるのは、統合政府は絶対に倒産することがないため、元本も金利も確実に支払われるということです。これは民間金融機関にとって日銀当座預金や国債が「無リスク」であることを意味します。つまり、無リスクで統合政府から支払われる金利は、民間金融機関にとっては「補助金」に他ならないのです。そしてその補助金の増加とは、もちろんマネーストックの増加を意味します。

要するに、金融引き締めには、民間の借入金の減少を通じて、マネーストックを減らす効果があると同時に、民間金融機関への金利支払いの増加を通じて、マネーストックを増やす効果もあるということなのです。ただ、より重要なのは二つ目の理由の方です。

――二つ目の理由とは何でしょうか？

長島　それはインフレ期待次第では、民間金融機関は際限なく貸出金を増やしてしまうということです。そもそもインフレというものは、「インフレ期待」がとても重要です。要するに、人々が今日より明日、明日より明後日の物価が上がると予想すると、「今日買わなければ損をする」となるため、実際に物価が上がってしまう。つまり民間の個人や法人は、政策金利とは必ずしも関係なく、インフレ期待次第で借入れを増やそうとするし、民間金融機関というものは、常に競合他社と熾烈な貸出のシェア争いをしているわけですから、インフレ期待がある限り、貸出を増やさざるを得ない。そうすると、過度なインフレが、連鎖的で制御不能なインフレにつながるリスクが発生してしまうわけです。

ではこのリスクをどう抑えるべきかと言えば、基本的に手段は二つしかありません。政府が増税するか、民間金融機関の貸出金を制限するかです。政府が増税すれば、マネーストックを直接的に減少させることができるため、確実にインフレを鎮静化することができるでしょう。しかしこれは、低中所得者を中心とした国民の負担が増加することを意味するため、やはり基本的には望ましくない。だとすれば、民間金融機関の貸出金の総量を制限するしかない。その具体的な方法こそが預金準備率操作であり、より長期的には「日銀デジタル通貨の導入に基づく民間金融機関の信用創造の廃止」なのです。

――預金準備率操作によって貸出金の総量を制限するとは、どういうことなのでしょうか?

鳩山　そもそも民間金融機関は、民間の個人や法人に対してお金を貸す際に、「信用創造」を行っています。一般的には、民間金融機関は自らがもっているお金を顧客に貸していると理解されていますが、それは誤解です。簡単に言えば、民間金融機関はお金を貸す際に、新しいお金を作っている。少し技術的な話にはなってしまいますが、民間金融機関がお金を貸す時にバランスシート上で何が起きるのかというと、資産側で貸出金が増える一方で、負債側では預金が増えるだけであり、資産側で日銀当座預金は変化しません。要するに、民間金融機関は「元々もっていたお金を貸している」のではなく、「新しく作ったお金を貸している」ということですね。これが信用創造です。つまり、民間金融機関が信用創造を行えば行うほど、資産側の日銀当座預金は変化しない一方で、負債側の預金は増え続ける。

それを踏まえた上で、預金準備率とは簡単に言えば、「民間金融機関が日銀に預け入れなければならない預金資産の、預金負債に対する割合」です。つまり日銀は、預金準備率操作によって、「民間金融機関が最低限維持しなければならない日銀当座預金」を設定することを通じて、信用創造、ひいては貸出金の総量を制限することができる。それによって、過度なインフレや、連鎖的で制御不能なインフレにつながる「マネーストックの際限なき増加」も起きなくなる。そしてそのような前提であれば、インフレ期待が暴走することはないため、金融政策もより有効に機能するようになるのです。

長島　ただ、日本経済が慢性的に停滞していることや、金融政策において無担保コールレートなどが操作目標になって久しいことなどが原因で、日銀はもう30年近く、預金準備率を変更していません。要するに今は、預金準備率操作は死語のようになっているわけですね。しかし日本先進会は、国債に基づく財政支出を十分に拡大することも含めて、適切な経済政策を実行して、日本経済を再び健全な成長軌道に乗せたいと考えています。その中では過度なインフレが起きるリスクもゼロではないため、預金準備率操作が大いに重要になってくるということです。

――わかりました。では、より長期の目線では「日銀デジタル通貨の導入に基づく民間金融機関の信用創造の廃止」が必要であるとは、どういうことなのでしょうか?

長島　現在、日銀が研究を進めている「日銀デジタル通貨」が実際に導入されれば、民間金融機関だけでなく、民間の全ての個人や法人が日銀に取引口座をもつようになります。そうなれば、民間の個人や法人がもつ預金の全てが「日銀の預金」になるため、民間金融機関は信用創造そのものができなくなります。その理由は単純で、民間金融機関は負債側に「日銀の預金」を計上することはできないからです。

では、民間金融機関がどのように貸出業務を行うのかと言えば、それは自らの資産である日銀当座預金を使って、民間の個人や法人に対してお金を貸すということになります。そしてそれは、民間金融機関が貸出を増やせるのが、日銀当座預金の範囲内に限定されることを意味するため、インフレ期待にかかわらず、民間金融機関が際限なく貸出金を増やすことができなくなるわけです。ただし、日銀デジタル通貨の導入には時間がかかるため、当面の間は預金準備率操作が重要になるということですね。

——なるほど。しかし、日銀デジタル通貨を導入することによって、信用創造そのものができなくなるというのは、民間金融機関にとって問題はないのでしょうか？

長島　もちろん、従来の仕組みが変化することに対する一定の抵抗はあるかもしれませんが、基本的に問題ないでしょう。１９９０年代以降、民間金融機関にとって最大の問題は、言うまでもなく低金利です。経済が低成長に陥って久しく、景気が大きく改善することも、インフレ率が上昇することもない中で、日本円の金利は下がり続けてきました。そして黒田日銀による異次元金融緩和によって超低金利が常態化したことにより、貸出事業の利益率は極限まで下がってしまいました。そのような中で、民間金融機関が最も望んでいるのは日本経済の復活と、それに基づく健全な金利上昇です。繰り返しになりますが、私たち日本先進会は、国債に基づく財政支出の十分な拡大も含めた、適切な経済政策を実行することを通じて、まさにその「日本経済の復活」を実現できると考えているのです。

つまり民間金融機関としては、たとえ貸出の総量が制限されるとしても、日本経済が復活して健全な金利上昇が起きるのであれば、何ら問題はないはずなのです。ただもちろん、これは日銀デジタル通貨を導入した後も、日銀が民間の個人や法人に対して直接的に貸出を行うことは禁止して、貸出主体が民間金融機関である状態を維持することが前提です。

――わかりました。では最後にお聞きしますが、日本先進会としては、菅政権の金融政策・財政政策・税制をどのように評価しているのでしょうか？

鳩山　率直に言って、菅政権の金融政策・財政政策・税制は浅すぎると思います。菅首相ご自身は就任前に、「少子高齢化で社会保障費が増えるので将来的に消費税は引き上げざるを得ないが、あと10年程度は引き上げる必要はないだろう」という何とも捉えどころのない無責任なコメントをしていましたが、要は経済や財政についてきちんと理解していないのだと思います。経済・財政に関する正しい認識に基づけば、この発言は「10年後くらいには供給力が需要に追いつかなくなって過度なインフレが起きてしまう」と言い換えられるわけですが、仮に今それがわかっているなら、その10年間で供給力を強化して、消費税を引き上げる必要がないようにするという発想にならないのが非常におかしい。おそらく、菅首相にとって消費税は「本当は上げた方がいいが、上げれば政権を失う可能性もあるから注意しよう」という程度のものなのでしょう。だからこそ、10年後や20年後、あるいはさらに先まで見据えた、格差是正や経済成長に資する金融政策・財政政策・税制を提案できていないのです。

要するに、国民に対する「思いやり」が足りていないし、もちろん「合理性」も欠けている。ただもちろん、これは野党の責任でもあります。たとえば消費税の引き下げや撤廃を提案すること自体はいいのですが、政策が全体的にあまりにも浅すぎる。本来、政治家は少なくとも10年や20年先を見据えた政策を提案すべきなのです。

3　社会保障

医療

――次のテーマは「社会保障」です。まずは一つ目の医療について聞かせてください。

鳩山　医療にかかわる日本先進会の政策はこちらです。

◎医療の自己負担をほぼゼロにする
- 自己負担率：18歳以上は一律で5％、18歳未満の子どもは一律でゼロ

- 自己負担額の上限：一律で月1万円、年10万円
- 出産前後の医療費は全て無料
- 不妊治療・予防接種・健康診断なども合理的な範囲内で保障

◎医療システムは完全国営化する

- 診療報酬制度の廃止
- 医療従事者の完全公務員化
- 医療ガバナンスの強化

――これもかなり大胆な提案ですね。ではまず、「医療の自己負担をほぼゼロにする」というポイントについてお願いします。

鳩山　医療の自己負担をほぼゼロにすべき理由は、医療は全ての国民にとって等しく重要なものだからです。今の日本では、一般的には政府の財政が危機的だと誤解されているわけですが、その原因として社会保障、特に高齢者の医療費が問題視されている傾向がありますよね。よく言われているのは、「多くの高齢者はムダに病院に行っていて、しかも自己負担率は現役世代よりも低い。要するに、現役世代は高齢者の医療費のために働いて、真面目に税

金や健康保険料を納めている。そんなのは酷すぎるし、これからもっと高齢化が進んでいく中で、持続可能でもない。だから医療費は削減していかなければならないし、まずは高齢者の自己負担率を上げるべきだ」ということです。最近も、政府が高齢者の自己負担率の引き上げを検討しているという報道がありましたね。しかし日本先進会は、そのような考え方や方向性は間違っていると考えます。

そもそも日本の財政が危機的ではないということは先ほどお話しした通りですが、それだけではありません。多くの高齢者がムダに病院に行っているということはあり得ませんし、仮にそういうことが起きているとしても、それは高齢者の責任ではなくて、ムダな診療が許されてしまっている環境、つまり医療システムがおかしいわけです。繰り返しになりますが、医療は現役世代か高齢世代かにかかわらず、全ての国民にとって等しく重要なものですから、今のような主に20～30％という自己負担率は高すぎます。つまり自己負担は最小化して、ほぼゼロにすべきなのです。

――なぜ自己負担は「ゼロ」ではなく、「ほぼゼロ」なのでしょうか？

長島　それは自己負担を完全にゼロしてしまうと、国民の健康意識が薄れてしまう、つまり「病気になってもいいや」という考え方が増えてしまうリスクがあるからです。自己負担が少しでもあれば、そのリスクは回避できるはずです。

一方で、18歳未満の子どもは一律でゼロにするというのは、子どもには自己責任の原則を一切適用すべきではないからです。子どもは保護者の判断によって、きちんと医療サービスを受けられるかどうかが決まってしまう側面があるため、少しでもハードルを下げておくべきです。ただもちろん、子どもを含めて、医療の自己負担を最小にすることで不必要な診療が増えてしまってはいけませんから、たとえば電話やアプリなどで、そもそも病院に行くべきかを簡単に相談できて、合理的なアドバイスを速やかに受けられるようなシステムを同時に確立する必要もあるでしょう。

——なるほど。自己負担については、自己負担率を下げるだけでなく、自己負担額の上限も一律に下げるということですね？　所得などで区別することなく、一律にするのはなぜなのでしょうか？

鳩山　自己負担額の上限を低く設定するのも、現在の高額療養費制度より、さらに自己負担を軽減すべきという趣旨です。そして自己負担が大幅に軽減されることで、全ての国民が医療にかかわる経済不安を抱える必要がなくなりますから、その分、国民の経済活動が活性化するはずです。

自己負担を所得などで区別せずに一律にするのは、格差是正、つまり「富の再分配」の機能は、全て税制に集約することが合理的だからです。日本先進会の社会経済政策の大原則は、制度的に最も管理・運営コストが低い「定率・一律」なのです。

――わかりました。では次に、政府が保障する医療の範囲についてですが、「出産前後の医療費は全て無料」というのは少子化対策のように聞こえますが、少子化対策はしないというお話だったのではないでしょうか？

鳩山　繰り返しになりますが、日本先進会は社会保障や教育などを充実化することによって、「経済不安が原因で子どもを作れない」という状況はなくす必要があると考えていますが、それは自民党政権が掲げている、子どもを作ることを奨励するような「少子化対策」とは根本的に違います。その上で、出産前後の医療を全て無料にするのは、「子どもの医療の自己負担をゼロにする」ということの一環です。少なくとも医療においては、女性が妊娠した瞬間から胎児を「子ども」として捉えて、その子どもに「安全に生まれてくる権利」を十分に保障するということです。

――なるほど。では、不妊治療・予防接種・健康診断などについてはどうでしょうか？

鳩山　これらも政府が合理的な範囲内で保障すべきです。たとえば不妊治療については、子どもを作るということは人間の自然な行動の一つですから、それを医療面からサポートする方法として、不妊治療を位置づけます。しかし個体差も含めて、年齢や持病などの状況次第で、子どもを作れる可能性は様々です。その客観的事実には正面から向き合わなければならないのであって、その可能性に応じて、不妊治療も合理的な範囲内で保障すべきなのです。予防接種や健康診断についても同様で、「合理的な範囲」というものを丁寧に検討すべきでしょう。特に予防接種については、公衆衛生のために、適宜無料にする必要もあります。

――いわゆる「高額医療」はどうするのでしょうか？　一人当たり数千万円のコストがかかるような高額医療まで、自己負担ほぼゼロで政府が保障するというのは、さすがに無理なのではありませんか？

長島　結論としては、政府は高額医療も保障すべきです。一般的に、日本の財政が危機的だと主張する人々を中心に、「高額医療は自己負担１００％にすべきだ」という意見が根強いのですが、それは高額医療について誤った認識をもっているからだと考えられます。そもそも高額医療が「高額」なのは、たとえば一つの治療薬を開発するのに莫大なコストがかかる一方で、それを使う患者が少ないからです。逆に言えば、使う患者が増えれば増えるほど、一人当たりのコストは下がります。それは基本的に、治療薬のコストの大部分は研究開発にかかわる固定費だからです。そして「使う患者が増えれば増えるほど一人当たりのコストは下がる」ということは、たとえ政府が高額医療を保障するとしても、医療費が全体として単純に発散していくわけではないということを意味します。

それだけではありません。高額医療としては、ガン治療薬のオプジーボなどが有名ですが、たとえばオプジーボは当初、日本における価格はアメリカの2・5倍、イギリスの5倍くらいだったのです。どうしてそんなことが起きてしまうのかと言えば、それは政府による価格設定、より厳密に言えば、製薬会社との価格交渉が非合理的だったということに尽きます。もちろん、個別の価格設定には様々な事情があるはずなので単純に批判することはできないものの、とにかく「高額医療は自己負担100％にすべきだ」という意見が安易に正当化されるべきではないことは確かです。高額医療だけでなく、全ての医療技術は多くの人々を救ってこそ価値がある。研究開発者たちの努力には十分に報いつつ、せっかく生まれた医療技術を余すところなく活用すべきなのは当然と言えるでしょう。

——わかりました。では次に、「医療システムは完全国営化する」というポイントについてお願いします。

鳩山　日本先進会が、医療システムは完全国営化すべきと考えるのは、医療の生産性を最大化するため、つまり医療サービスの質を最大化しつつコストを最小にするためです。そして医療システムの完全国営化には、主に「診療報酬制度の廃止」・「医療従事者の完全公務員化」・「医療ガバナンスの強化」という3つの要素が含まれています。大前提として、多くの医療従事者は懸命に働いておられますが、政治の怠慢が原因で、今の医療システムでは生産性が最大化されているとは到底言えないのです。

――完全国営化とは、非常に大胆な発想ですね。それでは一つずつ聞いていきましょう。まず、診療報酬制度を廃止しなければならないとは、どういうことでしょうか?

長島　今の医療システムの中で最大の問題の一つが、非合理的な診療報酬制度です。まず何より、診療報酬制度が原因で、特に開業医はたとえ悪意が全くなかったとしても、ムダな診療をする傾向が強くなってしまう。その理由は単純で、ムダな診療をすればするほど、それが自分の経済的利益に直結するからです。だからこそ、開業医の平均年収は3000万円程度とも言われていますし、多い場合には年収数億円というケースも普通にあるわけです。ただ繰り返しになりますが、これは開業医が悪いのではなく、非合理的な制度による弊害です。

しかし、それだけではありません。非合理的な診療報酬制度は、開業医の高収入だけでなく、多くの勤務医の異常な低収入の原因にもなっています。

――非合理的な診療報酬制度が、勤務医の異常な低収入の原因になっているとは、どういうことでしょうか？

長島　多くの勤務医、特に若手の勤務医は低収入に苦しんでいます。その最たる例として、少し前にＮＨＫなどのメディアも大々的に取り上げていた「無給医」の問題があります。無給医とは、文字通り「無給」で働いている医師のことですが、とにかく多くの勤務医は、専門職の長時間労働にもかかわらず、それに見合わない低賃金に苦しんでいるわけですね。

ではなぜそんなことが起きてしまうのかと言えば、個人の開業医の診療所とは違って大人数の勤務医が働く大病院などは、社会的使命感もあるためか、「患者のためには必要だが、採算が取れない医療サービス」をたくさんやっていることで、病院の財務が逼迫してしまうケースがあるからなのです。そしてその逼迫した財務のしわ寄せが、全て現場の勤務医にきてしまっている。要するに、「採算が取れない医療サービス」というものが存在していることが問題であり、それはつまり、診療報酬制度の価格設定が非合理的になっているということです。

鳩山　おそらく、多くの勤務医は日々長時間労働に苦しんでいますから、この低収入の問題を解決するために仲間と結束するという時間的・精神的余裕が全くないのでしょう。とにかく、ムダな診療を最大限に排除するとともに、開業医と勤務医の不健全な収入格差を是正するためには、非合理的な診療報酬制度は必ず廃止しなければならないのです。

――それが、「医療従事者の公務員化」につながるわけですね？

鳩山　その通りです。ただ、医療従事者を公務員化する意義には、医療従事者の報酬体系を変える以外にも、医師の数を増やし、日本全体として医師の偏在を是正することも含まれます。

まず医療従事者の報酬体系という観点では、ここでは医師についてのみお話ししますが、公務員としての医師に対して、個別の診療とは連動しない「基本給＋ボーナス」を支払うべきでしょう。具体的な水準については丁寧に検討すべきですが、医師の社会的責任や要求される能力を踏まえれば、たとえば臨床・研究・教育における業績や能力に応じたボーナスも含めて、社会全体の平均年収の４倍程度は支払う必要があると思います。たとえば社会全体の平均年収が４００万円程度なのであれば、医師の平均年収は１６００万円程度になるということです。とにかく診療報酬制度をなくせば、ムダな診療をするインセンティブはなくなり、医師は健全な判断に基づいて必要十分な診療を行いやすくなるはずです。そしてもちろん、開業医と勤務医の不健全な収入格差も解消されます。

――医師の数を増やし、日本全体として医師の偏在を是正するとはどういうことでしょうか？

長島　そもそも今の日本では、「医師不足」と「医師の偏在」が大きな問題になっています。日本の「人口1000人あたりの医師数」は先進国で最低レベルなのであり、これが勤務医の長時間労働の原因にもなっていると推察されます。その上、たとえば珍しい症例を経験できるとか、やはり都市の方が生活しやすいという理由で、都市で働くことを望む医師が多いために、医師の偏在が起きています。その結果、地方で医師不足が深刻になり、地域間で大きな医療格差が生まれてしまっている。これを解消するためには、医師の数をきちんと増やした上で、今のように個別の病院などによるミクロの人事努力に依存するのではなく、政府が責任をもって、日本全体のマクロとして医師の偏在を解消すべきなのです。

――しかし、医師の数を安易に増やせば、医師の質が落ちてしまうのではないですか？　また、どのように医師の偏在を解消できるのでしょうか？

長島　それは工夫次第です。まず医師の数について言えば、単純に増やすのではなく、医師免許に階層を設けることも一案ですし、そもそも医療教育の質を上げる余地もたくさんあるでしょう。さらに言えば、今後は人工知能の進歩によって、医師に求められる能力が大きく

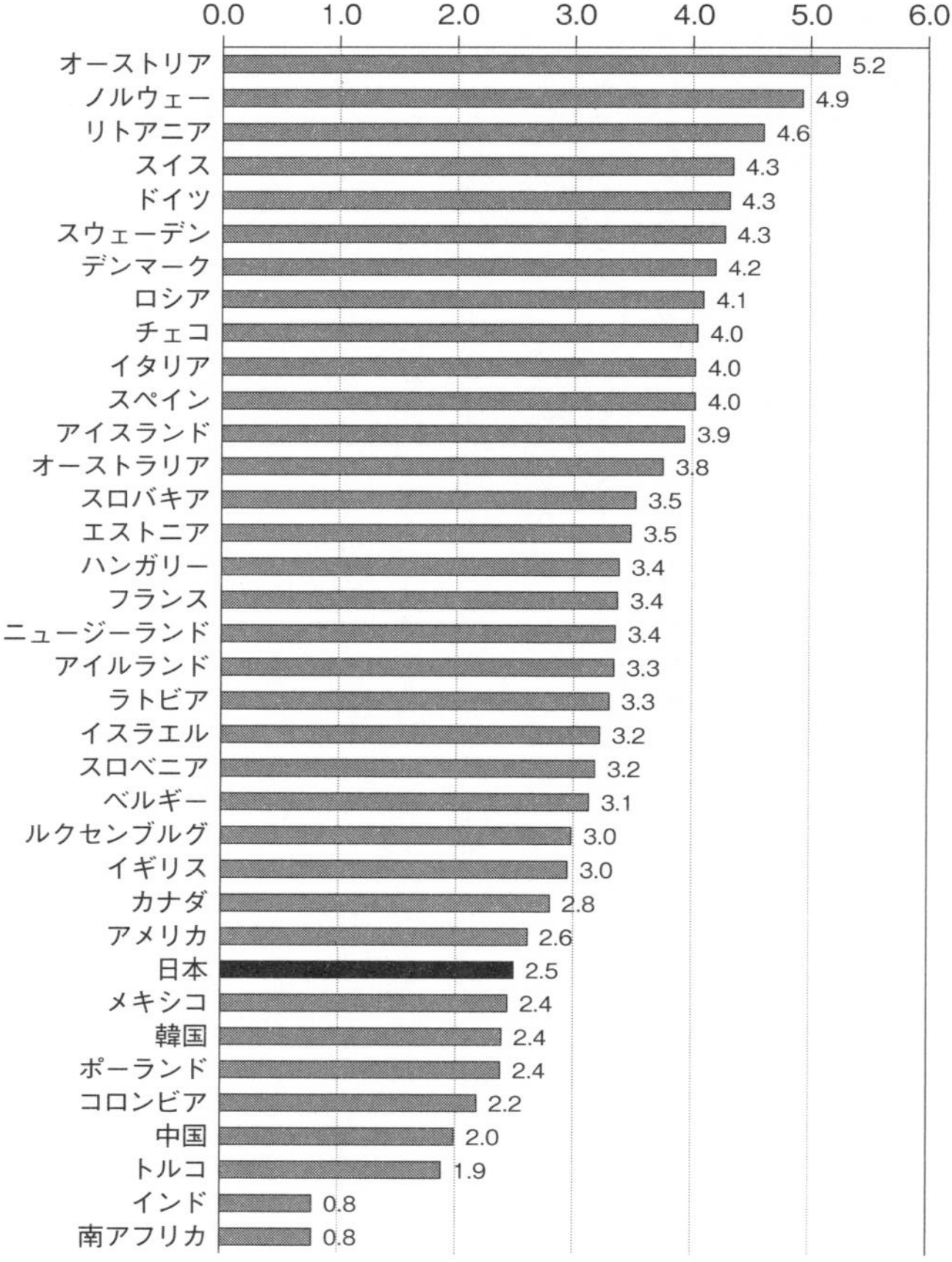

図５　人口1,000人あたりの医師数の国際比較
（数値は2019年かそれ以前の最新のもの）

OECD Dataを基に日本先進会が加工・作成
https://data.oecd.org/healthres/doctors.htmよりダウンロード可能

変わっていく可能性も十分にあります。そして、医師の偏在を解消するためには、ローテーション制や、オークション形式に基づく赴任ボーナスなどを活用する必要があります。もちろん地域の医療ニーズに応じた適切な人材であることが大前提ですが、たとえば5年程度の期間限定であるとともに、十分に納得できる赴任ボーナスが支払われるのであれば、積極的に地方へ赴任してくれる医師も確保できるはずでしょう。

――わかりました。それでは最後の「医療ガバナンスの強化」とは、どういうことでしょうか？

鳩山　医療システムを完全国営化する以上、医療従事者を公務員化して、報酬や人事の仕組みを変えるだけでは、明らかに不十分です。繰り返しになりますが、生産性向上とは、「医療サービスの質を合理的に最大化すると同時に、コストを合理的に最小化する」ということであり、そのために必要なガバナンス体制を構築しなければなりません。要するに、全ての診療を検証可能にするということ。そうすれば、潜在的な医療ミスを最大限に見つけ出すことができますし、それから、患者にとって適切な診療であることが大前提ではありますが、ムダのない診療をしている医師をきちんと評価して、その評価を報酬や人事に適切に反映することもできます。

――「潜在的な医療ミス」とはどういうことですか?

鳩山　大前提として、多くの医療従事者は日々懸命に努力されています。しかし残念ながら、一定の確率で医療ミスが起きてしまうのは事実であり、一定の割合で「全て不可抗力のせいだ」とは言えないケースもあるはずです。実際に、たとえばアメリカには、防げたはずの医療ミスによる死者数が年間数十万人に上るとか、「医療ミスはガンと心臓病に次ぐ第三位の死因だ」という調査結果すらあります。もちろん、このような統計がどこまで正確かを評価するのはとても難しいとは思いますが、逆に言えば、実態はもっと深刻な可能性だってある。

とにかく、医療従事者を糾弾するためでは決してなくて、将来に向けて医療ミスを減らしていくためにこそ、全ての診療を徹底的に検証できる体制が必要なのです。

長島　今の日本には、「医療事故調査制度」というものはありますが、これはあくまで医療従事者の自己申告に基づく制度ですから、実効性に限界があります。アメリカのある調査でも、医療機関の自己申告には限界があることが示されています。これは普通に考えれば当然のことですよね。しかし医療ミスは、国民の生命にもかかわる重大なテーマですから、自己申告に依存するのは論外なのです。

――しかし、全ての診療を検証可能にするということは、医療現場の委縮につながりませんか？

長島　繰り返しになりますが、医療従事者を無意味に糾弾することが目的では断じてありませんから、それを制度的に明示するしかありません。とにかく個別の医療ミスを検証できるようにしなければ、患者やその家族が十分に納得できる説明ができませんし、再発防止のために努力することもできません。たとえば航空業界では、業界全体として事故の原因を徹底的に究明し、地道に改善を積み重ねてきた結果、事故の数が激減しました。生命を取り扱っている医療業界は、同じ努力をしなければならないのです。

――なるほど。「医療ガバナンスの強化」という観点では、他にもポイントはありますか？

鳩山　一部の美容医療などを患者の自己責任とすることを除いて、政府が認可した医療以外は認めないということが非常に重要です。今の日本では、いわゆる「民間医療」の中に悪質なケースが存在します。簡単に言えば、病気で辛い想いをしている患者やその家族に対して、「効果があるかもしれない」と言って、科学的に効果があると実証されていない治療を高額で提供するケースがあるということです。これは「患者の自由な意志」という整理になっていますが、非常に不健全だと思います。なぜなら病気で苦しむ患者は、医療の専門家ではないケースがほとんどですし、何とか病気を治したいという一心で、合理的な判断ができない可能性も十分に高いからです。それなのに、実際に効果がない場合には「残念ながら効果はありませんでした」という説明だけで済まされてしまって、場合によっては何百万円というレベルの大金を支払わなければならなくなるというのは、あまりにも酷い話です。

――でも実際に、「効果があるかもしれない治療」というものが存在するのであれば、仕方ない部分もあるのではないでしょうか？

鳩山　いわゆる民間医療における最大の問題は、「効果を実証するための合理的な努力」が十分に担保されていないということでしょう。今一度整理しますが、日本先進会としては、きちんと効果が実証された治療であれば、たとえ高額医療でも、政府が保障すべきと考えています。先ほどお話ししたように、高額医療は基本的に、利用する患者が増えれば増えるほど、一人当たりコストは下がりますから、全体としてコストの発散を懸念する必要はありません。

それを前提とした上で、あらゆる治療法は政府が責任をもって効果を検証すべきなのです。効果を検証中の治療については、患者やその家族の同意を前提に、無料で提供すべきですし、効果を検証した結果、科学的に効果がないという結論に至った治療については、厳格に禁止しなければなりません。とにかく、医療のプロではない患者が、効果が不明瞭な治療に大金を支払い、効果がなくても泣き寝入りするしかない、そしてその治療をした医師が非常に大きな利益を得るというのは不健全ですから、根絶する必要があるということです。

――わかりました。医療システムの完全国営化には、「診療報酬制度の廃止」・「医療従事者の公務員化」・「医療ガバナンスの強化」という3つの要素があるということでしたが、他にも付け加えるべきことはあるでしょうか？　たとえば今回のコロナ禍についてはどうでしょうか？

長島　まず、今のコロナ禍のような状況に対応するためにも、医療システムを完全国営化する意義は大きいと言えます。コロナ禍では多くの方が感染を恐れて病院に行かなくなり、その結果、多くの医療従事者の収入が激減するという現象が起きました。これは冷静に考えれば非常におかしいことです。コロナ禍で本当に治療が必要な患者が病院に行けていないとすれば大いに問題ですし、そうではなくて、平時にムダに多くの患者が病院に行っているのであれば、それも大いに問題です。要するに、どちらにしてもおかしいのであり、コロナ禍によって今の医療システムの非合理性が浮き彫りになったということです。

そしてもちろん、コロナ対応をしてくださる医療従事者に対して十分な報酬を支払えていないことも大問題です。これらの問題は、医療従事者を公務員化して、個別の診療とは連動しない報酬を支払うことや、医療システム全体として必要十分な医療サービスを提供するためのガバナンス体制を構築することでしか、解決することはできません。

鳩山　コロナ対応という意味では、総理大臣がＰＣＲ検査を増やすと宣言しても、なかなか増やせないという問題も起きましたね。これは保健所を含めた医療システム全体において、指揮系統が機能不全になっているということを意味しています。これは一朝一夕で変えられるものではありませんが、とにかく個別の医療現場ではなく、医療システム全体としての改革が必要です。そして感染症対策だけではありません。これからの医療では、最先端のテクノロジーによって膨大なデータを解析して、創薬や治療法で世界と闘っていく必要もあります。そのためには、今のような国全体として統一されていないデータ管理は論外です。それから従来の課題である「ホームドクター制度」や「オンライン診療」なども、医療システムを完全国営化してこそ、全体として合理的な形で導入することができるでしょう。

――ただ、完全国営化には障壁もあるはずです。たとえば、診療所を開設するために既に多額の借金を負っている開業医については、どうするのでしょうか？

鳩山　それは個別のケースを丁寧に把握した上で、政府が「診療所自体」と「それにかかわる負債」をセットで引き取る以外に方法はないでしょう。もちろん診療所に限らず、全ての医療機関に対して基本的には同じ方法を適用します。それ以外にも色々と障壁があるでしょうが、それを理由に改革しない道が正当化されるなら、もはや政治にも政治家にも存在価値はありません。医療システムの完全国営化は一朝一夕ではできないのは当然ですが、10年程度の時間軸で、丁寧かつ着実に進めていくべきなのです。

それから重要なポイントは、私たち日本先進会は共産主義者では全くなく、何でもかんでも国営化すべきだと考えているわけではないということです。日本先進会は「国営化の三原則」という独自の考え方に基づいて、医療システムは市場のメカニズムによって生産性が向上しにくいため、完全国営化を提案しています。

――「国営化の三原則」とは、どういうことでしょうか?

長島　「国営化の三原則」とは、①政府の財政支出で賄われている、②いわゆるL型産業である、③「立場の非対称性」が存在する、という3つの原則であり、医療はこれらの原則に当てはまる度合いが強いため、完全国営化が必要だという結論になります。

一つずつ説明しますと、まず一つ目は、「収入の大部分が政府の財政支出で賄われている産業は、政府がムダを徹底的に排除しなければならない」ということです。だからこそ医療では、先ほどお話ししたように、ムダな診療につながってしまう非合理的な診療報酬制度をなくす必要があります。

次に二つ目は、「いわゆるＬ型産業は、市場のメカニズムでは生産性が向上しにくいため、政府が適切に介入しなければならない」ということです。これは、経営コンサルタントの冨山和彦氏の考え方をお借りしたものです。冨山氏は、産業を「Ｇ型産業」と「Ｌ型産業」に区別して、前者は製造業やＩＴ産業のようにグローバル（Global）で熾烈な競争が行われている一方で、後者は一般的なサービス業のようにローカル（Local）に根付いていて、物理的な制約があるため、実は市場のメカニズムがそれほど機能しないのだと主張しています。この主張は極めて合理的なものであり、これに基づけば医療は明らかにＬ型産業ですから、政府が適切に介入すべきということになるわけです。

――なるほど。確かに今の医療システムは、市場のメカニズムによって、質・量ともに最適な医療サービスが、最適な価格で供給されているというイメージはないですね。三つ目の、「立場の非対称性」が存在する、というのはどういうことでしょうか？

鳩山　これは要するに、生産者と消費者の間で、情報や知識の差だけでなく、精神状態などの差も大きいということです。医療においては、医師と患者の間には、医学的知識などの専

国営化の三原則

①政府の財政支出で賄われている

収入の大部分が政府の財政支出で賄われている産業は、政府がムダを徹底的に排除しなければならない。

【医療の場合】医療費は大部分が財政支出だが、診療報酬制度が原因でムダな診療をする傾向が強くなってしまう。

②いわゆるL型産業※である

L型産業は、市場のメカニズムでは生産性が向上しにくいため、政府が適切に介入しなければならない場合がある。

【医療の場合】患者が医療機関を選ぶ際には、物理的制約が発生する。

③「立場の非対称性」が存在する

生産者と消費者の間で、情報や知識だけでなく、精神状態などの差も大きい場合、政府が弱者である消費者を積極的に守らなければならない。

【医療の場合】医師と患者の間には、医学的知識だけでなく、精神状態にも大きな差があるため、患者が医師に対して対等な立場で意見や要求をすることは難しい。

※経営共創基盤・代表取締役CEOの冨山和彦氏は、著書『なぜローカル経済から日本は甦るのか――GとLの経済成長戦略』の中で、製造業やIT産業のようにグローバルで熾烈な競争で行われている産業を「G型産業」とする一方で、一般的なサービス業のようにローカルに根付いていて、物理的な制約があるために市場のメカニズムがあまり機能しない産業を「L型産業」と呼んでいる。

図6　国営化の三原則

門性だけでなく、「診療する側」と「診療される側」の精神状態の違いが大きいので、患者が医師に対して対等な立場で意見や要求をすることは難しい。つまり、政府が弱者である患者を積極的に守らなければ、たとえば効果が不明瞭な治療に大金を支払わされ、効果がなくても泣き寝入りするしかないというような、不健全な事態を防止することはできないということです。

とにかく、私たち日本先進会が考える「医療システムの完全国営化」には、「国営化の三原則」のようなきちんとした理屈があるということを、ご理解いただきたいと思います。

――菅政権は、たとえば不妊治療の保険適用拡大に意欲的なようですが、何かご意見はありますか？

長島　先ほどお話ししたように、日本先進会も、政府が合理的な範囲内で不妊治療を保障すべきと考えていますので、基本的な方針には賛同します。ただ、自民党政権は医療システム全体をしっかり改革するのではなく、注目を集めやすいテーマを少し変えるだけで「改革に成功した」と豪語する傾向がありますから、大いに注意しなければなりません。特に現在の不妊治療は非常に利益率が高い領域もあると考えられますが、診療報酬制度の下で価格が維持されて、過剰診療も防げないのであれば、結局、国民が支払う多額の税金が一部の医師に流れてしまうことになるため、非常に不健全と言えます。

介護

――では次に社会保障の二つ目、介護について聞かせてください。

鳩山　介護にかかわる日本先進会の政策はこちらです。

◎政府が国民に保障するのは基本的に施設介護のみにする
◎「実質無料で質の高い国営介護施設」には望めば誰もが入居できるようにする
◎介護システムは準国営化する
・介護報酬制度の廃止
・公務員としての介護士の派遣
・介護ガバナンスの強化

――これもやはり大胆な提案ですね。ではまず、「政府が国民に保障するのは基本的に施設介護のみにする」というポイントについてお願いします。

鳩山　政府が国民に保障するのは基本的に施設介護のみにすべきなのは、それによって、介護サービスの質を最大化しつつ、コストを最小化できると考えられるからです。ポイントは主に二つあります。

一つ目は、家族の負担を大幅に軽減するということ。在宅介護の場合、どうしても家族の負担が重くなってしまい、場合によっては家族が仕事を辞めなければならないケースがあるなど、家族が精神的・身体的・経済的に崩壊してしまうことも多い。さらに言えば、家族に大きな負担がかかることが原因で、家族による虐待が発生するというケースもたくさん起きてしまっています。厚生労働省の発表によれば、２０１８年度はそういう虐待事件の件数が、なんと１万７０００件にも上りました。この「介護による家族崩壊」は、各家庭にとって深刻な問題であるとともに、非常に大きな社会的損失でもありますから、きちんと防ぐ必要があります。

そして二つ目は、介護サービスを最大限効率化するということ。施設介護は在宅介護と比較して、高齢者・介護士・介護機材などの移動コストがかからない分、圧倒的に効率がいいはずなのです。つまり施設介護のみに集約していけば、その分、本質的な介護サービスに資

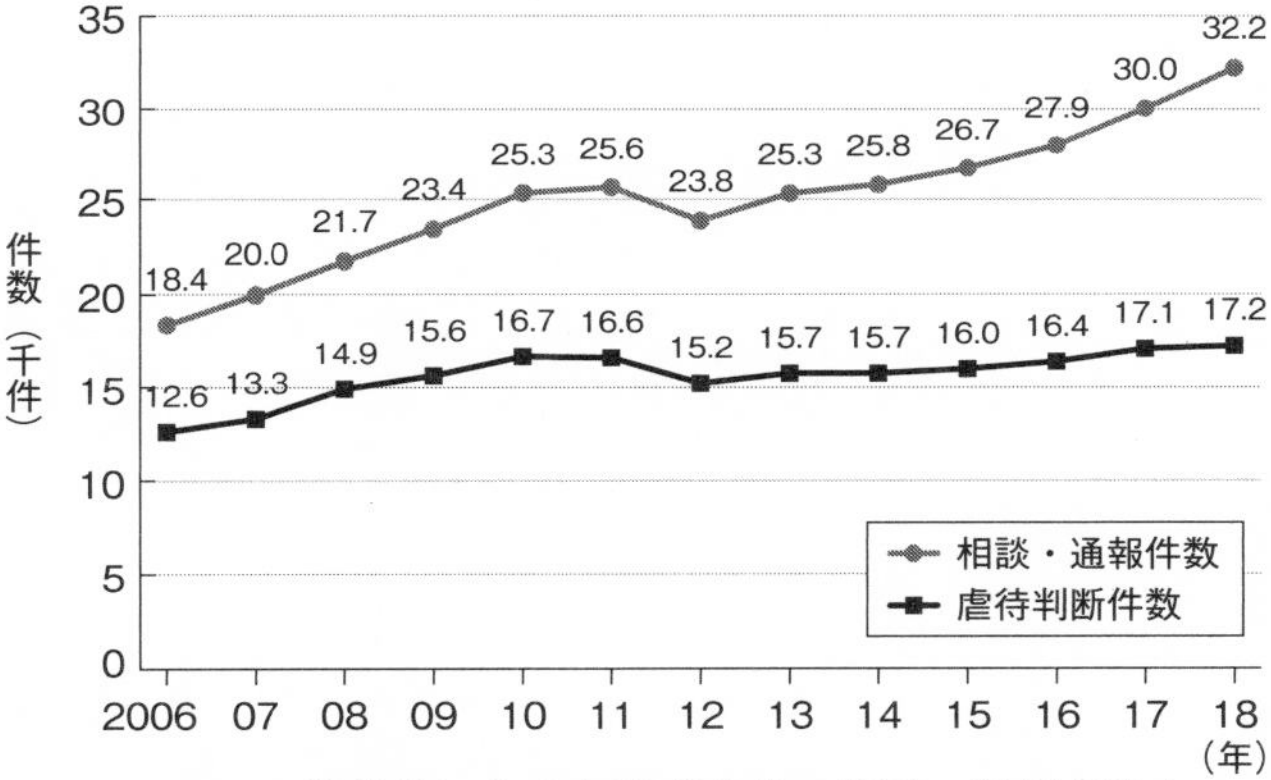

図7　養護者による高齢者虐待の相談・通報件数と虐待判断件数の推移

厚生労働省「平成30年度「高齢者虐待の防止、高齢者の養護者に対する支援等に関する法律」に基づく対応状況等に関する調査結果」を基に日本先進会が加工・作成

源を集中でき、サービスの質を最大限向上させられるということです。これら二つの意義は非常に大きいため、政府が国民に保障するのは基本的に施設介護のみにしていくべきなのです。ただもちろん、特別な身体的事情などで在宅介護が必要なケースでは、生活保護などの枠組みも使って、政府が例外的に在宅介護も支援すべきでしょう。しかし、それはあくまで例外措置ということですね。

長島　その上で、「実質無料で質の高い国営介護施設」には望めば誰もが入居できるようにするというのは、介護を必要とする全ての高齢者が、政府から支給される月14万円程度の「高齢者一律給付金」、これについては後で説明しますが、それよりも低い、たとえば月12万円の入居費さえ支払えば国営介護施設に入居でき、質の高い介護サービスを十分に受けられるようにするということです。それによって、やはり全ての国民が老後の介護にかかわる経済不安を抱える必要がなくなり、その分、国民の経済活動が活性化すると期待されます。

――しかし、国営介護施設を十分に整備するというのは、やはりコスト的に非常に難しいのではないでしょうか？

長島　もちろん、これは一朝一夕に実現できる政策ではありませんので、たとえば10年程度の時間軸で実現していく必要があるでしょうが、重要なのはその中身です。

たとえば、入居者が故郷や家族から十分に近い場所で暮らせるように、国営介護施設は、義務教育の学校と同じような地域の単位で配置すべきです。それから、部屋は基本的に全て個人または夫婦単位で個室にして、プライバシーを最大限に尊重するのは当然として、入居者同士で自由に交流できるように空間設計も工夫する。そうすれば、全ての入居者が自由で充実した生活を送ることができるはずであり、今は何となく在宅介護を選択している方も、むしろ施設介護を選びたいと思うのではないでしょうか。

実際に、今でも公的な介護施設である特別養護老人ホームに入居を希望しているにもかかわらず、入居できていない高齢者はたくさんいらっしゃいますし、２０１５年に特別養護老人ホームの入居条件が厳しくされたことも踏まえれば、統計に表れていない「潜在的な入居希望者」も多いと推察すべきです。つまり、十分な数の国営介護施設を整備することは、そもそも多くの方々が望んでいることだと言えるわけです。

鳩山　国営介護施設の整備コストという観点では、10年程度の時間軸で実現していくことも含めて、大いに工夫が必要でしょう。たとえば空室率を抑えるためには、そもそも部屋の広さを柔軟に変えられるような設計にして、一定の空室が出た場合には、高齢者に限らず、一般の学生や低所得者に低価格で貸し出せるようにしてもいい。そうすればムダな投資にはなりません。

それから正確な需要予測も重要ですね。そのためには、社会経済に関する詳細なデータ解析はもちろん、たとえば全ての国民が50歳になる時に、「将来的に介護が必要になる場合には国営介護施設を利用する予定ですか？」と質問して、その回答通りに入居する方には入居費を安くするという仕組みも一案です。そうすれば、やはりムダな投資にはなりにくいのです。

――なるほど。ただ、特別な身体的事情がない場合でも、やはり施設介護ではなく、在宅介護を選択したいという方には、その自由は認められるのでしょうか？

鳩山　その自由はもちろん認められますが、その場合は基本的に全て自己責任になるということです。つまり、政府から支給される「高齢者一律給付金」や、自分自身の貯蓄を使って、自己責任で民間の介護士やヘルパーにサービスを依頼する。もちろん虐待などが起きてしまう場合には警察が対応しますが、それ以外は全て自己責任だということですね。

――わかりました。では次に、「介護システムは準国営化する」というポイントについてお願いします。先ほどの医療システムは「完全国営化」でしたが、なぜ介護システムは「準国営化」なのでしょうか？

長島　介護システムの準国営化には、主に「介護報酬制度の廃止」・「公務員としての介護士の派遣」・「介護ガバナンスの強化」という3つの要素が含まれています。まず、介護システムを国営化すべきなのは、先ほどお話しした医療システムと同じように、「国営化の三原則」、つまり①政府の財政支出で賄われている、②いわゆるL型産業である、③「立場の非対称性」が存在する、という3つの原則が当てはまるからです。

ただ介護は、医療と比較して、「三原則に当てはまる度合い」が低いのも事実です。すなわち、医療には基本的に「贅沢」の部分はありませんが、介護には「贅沢」という領域が確かにありますよね。たとえば介護施設に入居するにあたって、「より広くて豪華な部屋に住みたいし、より高い食材を使った料理も食べたい」という方がいらっしゃるのは自然です。しかし、その「贅沢」の部分に政府は介入すべきではないし、同時に財政支出を行うべきでもない。だからこそ介護は、医療のような完全国営化ではなく、準国営化によって、高齢者の多様なニーズに基づく民間の介護サービスも認めるべきということです。

——なるほど。では一つずつお聞きしていきますが、まず介護報酬制度を廃止すべきなのは、なぜなのでしょうか？

鳩山　今の介護システムが抱える問題の一つが「潜在的な介護不正」です。もちろん大前提として、大多数の介護事業者や介護士の方々は、日々懸命に努力してくださっています。しかし、多くの方がニュースなどで一度は耳にしたことがあると思いますが、介護業界では不正請求などの事件が起きているのも事実です。そして率直に言って、発見されてニュースになるのは「氷山の一角」に過ぎないでしょう。要するに、介護不正が蔓延してしまっている可能性が高いわけです。

ではなぜ、そのような不正が起きるのかというと、今の介護報酬制度は、介護サービスの「量」に基づいて報酬が決まるため、架空の介護サービスで報酬を申請するなど、不正をすればするほど、介護事業者は経済的利益を得ることができてしまうからです。もちろん行政が取り締まりをしているので、事案が発見されることもありますが、介護現場は星の数ほど存在するわけですから、常識的に考えて、全ての事案が発見されるはずもなく、だからこそ不正が横行してしまう。そしてもちろん、その不正によって損をしているのは納税者である国民ですから、これは到底許されません。

——だからこそ、先ほどお話のあった医療従事者と同様に、介護士を公務員化するということですね？

長島　その通りですが、介護システムはあくまで準国営化ですから、全ての介護士を公務員化するわけではありません。つまり、民間の介護士も認められます。それを踏まえた上で、公務員としての介護士がどのように働くのかと言えば、政府によって国営介護施設と民間介護施設に派遣される形にするのです。

——公務員としての介護士を派遣するというのは、具体的にはどのようなイメージなのでしょうか？

長島　まず介護サービスは、先ほどもお話ししたように、「純粋な介護の部分」と「贅沢などそれ以外の部分」の二つで構成されていると言えますが、公務員としての介護士が責任をもって担当するのは「純粋な介護の部分」だけです。そしてこの「純粋な介護の部分」については、全ての国民に対して平等な介護サービスが保障されるべきだと考えます。つまり国営介護施設でも、より贅沢な民間介護施設でも、基本的に同じ介護サービスが、介護の必要性に応じて提供される。そして、その公務員としての介護士に対する報酬は、政府が直接的に支払うようにすれば、民間介護施設の入居費はその分、安くなります。これがすなわち、政府が全ての国民に対して施設介護を保障するということなのです。

そしてもちろん、介護士が公務員として十分な報酬を受け取るようになれば、「潜在的な介護不正」という問題はなくすことができ、介護士は介護現場で健全な判断をして、必要十分な介護サービスを提供できるようになるわけです。

――では公務員としての介護士には、どの程度の報酬を支払うのでしょうか?

鳩山　結論としては、能力やリーダーシップに応じたボーナスも含めて、少なくとも社会全体の平均年収の1～2倍程度の報酬を支払うべきだと思います。日本では介護士不足が叫ばれて久しいですが、その最大の原因が、仕事の負担が非常に大きいにもかかわらず、賃金が低すぎるということであるのは明らかです。

一部の人々は「介護士は誰でもできる仕事だ」などと言っていますが、それは完全に間違った認識でしょう。介護には思いやりだけでなく、しっかりとした技能も必要です。少なくとも、「介護士は誰でもできる仕事だ」という無意味な暴言を吐くような人には、介護士として高齢者を満足させられる能力はない。とにかく介護士を公務員化する際には、報酬水準を抜本的に引き上げる必要があります。そしてもちろん、介護においても地方の人材不足が問題になるのであれば、医療と同じように、ローテーション制や、オークション形式に基づく赴任ボーナスなどを活用する必要があるでしょう。

――わかりました。それでは、「介護ガバナンスの強化」とはどういうことでしょうか?

鳩山　介護も医療と同様に、介護士を公務員化して、報酬や人事の仕組みを変えるだけでは、明らかに不十分です。繰り返しになりますが、生産性向上とは、「介護サービスの質を合理的に最大化すると同時に、コストを合理的に最小化する」ということであり、そのためにはガバナンス体制が必要です。

より具体的には、まずは最大の問題とも言える「介護現場における虐待やハラスメント」を根絶していかなければなりません。先ほどは家族による虐待について少しお話ししましたが、多くの方は、介護士による悲惨な虐待事件などが起きているということも、ニュースなどで耳にしたことがあるでしょう。ただやはり、これも報道されているのは「氷山の一角」

である可能性が高い。私たちからは見えないところで、数千人、数万人、あるいはそれ以上の高齢者が苦しんでいるかもしれない。これは絶対に許されないことなのです。

なお「介護現場におけるハラスメント」という意味では、高齢者ではなく、介護士が被害者というケースもあります。つまり「介護ガバナンスの強化」は、高齢者はもちろん、介護士にとっても重要なのです。

――より具体的には、どのように介護ガバナンスを強化するのでしょうか？

長島　まず必要なのは、介護現場の風通しを良くすることでしょう。そのためには、まず介護士の交代制が不可欠であると思います。つまり一人の高齢者に対して、一人の介護士が担当するのではなく、3～4人の介護士が交替で担当することにして、かつ、その3～4人も1～2年程度で全て入れ替わるようにする。そうすれば介護現場の風通しが良くなって、高齢者が介護士に対して問題を共有しやすくなるでしょうし、介護士間でも問題を発見しやすくなるはずです。それから、入居者やその家族の明確な同意を前提に設置・確認できるカメラを活用することも一案でしょう。とにかく、プライバシーを守ることを大前提に、介護ガバナンスを徹底的に強化する必要があります。

一律給付金

――では次に社会保障の三つ目、一律給付金について聞かせてください。

鳩山　一律給付金にかかわる日本先進会の政策はこちらです。

◎子ども一律給付金：０～18歳の全国民に対して一律に月２万円を支給する（支給金額は物価に応じて変動。既存の児童手当は廃止）
◎高齢者一律給付金：世代別に設定された支給開始年齢に到達した全国民に対して一律に月14万円を支給する（支給金額は物価に応じて変動。既存の公的年金は廃止）

――ではまず、「子ども一律給付金」についてお願いします。

鳩山　これは簡単に言えば、今の「児童手当」を最大限シンプルにした上で、支給期間と金額を拡大するということです。

今の児童手当は世帯の所得水準によって支給金額が変わりますが、これは合理的ではありません。繰り返しになりますが、格差是正の機能は、全て税制に集約することが合理的であり、だからこそ日本先進会の社会経済政策は、制度的に最も管理・運営コストが低い「定率・一律」が原則なのです。その上で、まず期間については、これは後ほどお話ししますが、日本先進会は新たに幼児教育と高校教育を義務教育化すべきだと考えており、それと整合する形で、子ども一律給付金は高校卒業時点まで支給されるようにします。

そして金額については、これも後ほどお話しするように、日本先進会の義務教育改革には相応の時間がかかるため、その間は政府が責任をもって子育て世帯の追加的な教育費を補助するという目的で、月2万円に拡大するということです。ただ義務教育改革を実現できた後も、子育て世帯の教育環境をサポートし続けるという意味で、子ども一律給付金は基本的に存続させればいいでしょう。

長島　ちなみに、子どもが増えるごとに金額を増やすということをしないのは、これもやはり「少子化対策」ではないからです。最近では、自民党政権の少子化担当大臣が「児童手当は、二人目は3万円、三人目以降は6万円にしてもいい」という発言をして話題になりましたが、これは「少子化担当大臣」らしい、明らかな「少子化対策」ですよね。繰り返しになりますが、「子育て支援」は必要ですが、「少子化対策」は不健全です。子育て支援においては、子ども一人一人の「健全な環境で育てられる権利」を平等に尊重するという意味でも、支給金額は一律にすべきなのです。

――わかりました。では次に、「高齢者一律給付金」について聞かせてください。

長島　これは、今の国民年金と厚生年金を廃止する代わりに新設するものであり、いわば「高齢者向けのベーシックインカム」です。より具体的には、世代ごとに設定される「支給開始年齢」に到達した全ての「個人」の「健康で文化的な最低限度の生活」を守るために、生活保護の単身世帯の最大支給額と同程度の水準、たとえば現在の物価水準であれば月14万円を一律に支給するというものです。なお、これは全ての個人に対して支給されるものであるため、夫婦世帯の場合には、夫婦で合計月28万円が支給されることになります。

――国民年金と厚生年金を廃止するとは、かなり大胆な政策ですね。どういった主旨なのでしょうか？

鳩山　まず率直に言って、今の年金制度はムダに複雑すぎることが問題です。年金がムダに複雑だからこそ、多くの国民は「年金のことは何だかよくわからない」という状況に陥っている。そしてそれが経済不安の一つになって、社会全体としての経済活動の委縮にもつながってしまっている。また年金がムダに複雑であることが原因で、民間や行政でムダな管理・運営コストが発生しているため、その分、税金がムダづかいされ、経済成長も阻害されてしまっている。つまり国民全体が損失を被っているということです。

さらに言えば、そもそも国民年金と厚生年金は、制度としてあまりにも非合理的なのです。

――国民年金と厚生年金は、どのように非合理的なのでしょうか？

鳩山　まず国民年金については、簡単に言えば、支給金額が少なすぎることが原因で、モラルハザードが起きてしまうリスクがあります。たとえば、国民年金の対象者が保険料を納めなければ、当然、老後に国民年金を受け取ることはできませんが、その人が貯蓄も収入も十分にないという状況になれば、生活保護を受けることができます。しかも生活保護の場合は、月６万円程度の国民年金よりはるかに多い、たとえば月10万円以上を支給されるケースも少なくありません。これでは、国民年金の保険料を真面目に納めようとする人が減ってしまうのも無理はない。

あるいは、貯蓄をたくさんもっている国民年金の受給者が、ある日突然豪遊して貯蓄を使い果たしてしまえば、国民年金だけでは生活できないため、新たに生活保護を受けることになるというケースもあり得る。要するに、国民年金は支給金額が生活保護と比較して少ないという意味で、制度的に大きな欠陥があるということです。

長島　厚生年金の方はと言えば、国民年金とは反対で、保険料も支給金額も過剰である場合が問題です。厚生年金は、生活保護よりも支給金額が多いケースがたくさんあります。これは簡単に言えば、政府が「国民の健康で文化的な最低限度の生活を守る」という役割を超えて、「国民の代わりに貯蓄をしている」ということであり、政府が国民の自由をムダに侵害していることを意味します。当然ながら、年金というものは、より大きな金額を受給するためには、よりたくさんの保険料を支払う必要があります。つまり、厚生年金の受給金額が大きいとすれば、それは現役時代に多くの保険料を支払っていたというだけのことです。そして現役時代に多くの保険料を支払っていたということは、その分、自由な消費や投資の機会が奪われていたということを意味するわけです。

とにかく国民年金と厚生年金は、「国民年金は生活保護と比較して少なすぎるし、厚生年金は生活保護と比較して多すぎるケースがある」ということが問題です。だからこそ国民年金と厚生年金は廃止して、最大限シンプルでわかりやすく、生活保護とも整合的な「高齢者一律給付金」を作るべきなのです。そしてそれによって、民間や行政におけるムダな管理・運営コストも削減できれば、それも国民の利益になるということです。

――なるほど。しかしそれでは、今まで国民年金や厚生年金の保険料を支払ってきた方が損をしてしまうのではないでしょうか？

鳩山　そうではありません。国民年金と厚生年金を廃止して高齢者一律給付金に移行するのは、たとえば30年という時間軸で行う必要があります。つまり、できるだけ早いタイミングで高齢者一律給付金は開始するとして、それから30年間は、これまで年金の保険料を多く支払ってきた方には、支給金額に一定の上乗せをして、少しずつ一律給付に収束させていく。そうすれば、一部の国民が不当に損をしてしまうという事態は回避することができます。

――わかりました。では高齢者一律給付金について詳しくお聞きしますが、世帯ではなく「個人」に対して支給されるというのはなぜでしょうか？　また、高齢者一律給付金の「支給開始年齢」が世代ごとに設定されるとは、どういうことなのでしょうか？

鳩山　世帯ではなく「個人」に対して支給される理由は、全ての国民は個人として尊重されるべきだからです。たとえば結婚しているかどうかは個人の自由であり、政府が考慮すべき問題ではありません。また、「支給開始年齢」が世代ごとに設定される理由は、世代ごとに平均的な寿命が異なるからです。世代ごとの支給開始年齢は、たとえば各世代が50歳になる時点で決めればいい。

より具体的には、支給開始年齢は、各世代の平均的な受給期間が20年になるように設定すべきだと考えています。たとえば、ある世代は50歳の時点で、平均余命が40年であるとしましょう。つまり、この世代で「平均的に長生きする人」は、90歳まで生きるということになります。その場合、この世代の支給開始年齢は70歳になるということですね。

長島　一部の政治家は、「多様なライフスタイルに合わせた多様な社会保障が必要だ」と主張していますが、それは間違っています。政府が多様なライフスタイルに合わせた多様な社会保障などを作るとすれば、ムダなコストがかかるだけです。それは国民全体にとって損失になる。そうではなくて、「最大限にシンプルな社会保障を前提にして、全ての国民が自由で多様な人生を楽しむ」というのが合理的なのです。

高齢者一律給付金の意義は、社会全体の標準的なライフスタイルとして、「人生の最後の20年間は、政府が最低限の生活費を支給するし、国営介護施設に入居する場合、それによって入居費もカバーできる」ということですが、その最低限の金額では足りないと考えるなら、現役時代に貯蓄をするのも、支給開始年齢に到達した後も働き続けるのも、各個人の自由だということです。

4　教育

義務教育

――次のテーマは「教育」です。まずは一つ目の義務教育について聞かせてください。

鳩山　義務教育にかかわる日本先進会の政策はこちらです。

◎幼児教育と高校教育を新たに義務教育化する
◎義務教育のカリキュラムを丁寧に見直す
◎全ての子どもたちに能力や意欲に応じた課外教育を完全無料で提供する
◎非合理的な受験制度を廃止する
◎幅広い教員人材の登用・育成プログラムを確立する

――ではまず、「幼児教育と高校教育を新たに義務教育化する」というポイントについてお願いします。

鳩山　幼児教育と高校教育を新たに義務教育化するというのは、教育サービスの質を高めることが大前提ですが、最大の目的は教育格差を是正して、子どもたちの「学ぶ権利」を平等に守るということです。その上で、子どもたちに必要な教育が全て義務教育システムの中で提供されるようになれば、それは子育て世帯の経済不安の解消にもつながるため、社会全体の経済活動が活性化します。そしてもちろん、子どもたちの能力をきちんと高めることができれば、その子どもたちが将来的に社会でより大きな価値を生み出すことができるようになるという意味で、生産性向上にもつながります。

――安倍政権は幼児教育や保育を無償化したのではないでしょうか？

長島　「無償化」と「義務教育化」は似て非なるものです。もちろん義務教育は無料にすべきですから、その部分は同じです。しかし教育は中身が重要です。つまり「無償化したからそれでいい」ではなくて、全ての子どもたちが質の高い幼児教育を受けられる環境を整備するのが政治の責任でしょう。幼児教育の重要性については、ノーベル経済学賞受賞者である、シカゴ大学のヘックマン教授などの研究で既に明らかにされています（James J. Heckman, *Giving Kids a Fair Chance*, The MIT Press, 2013)。普通に考えて、人間の能力というものは少しずつ積み重ねられていくものですから、その最初の土台となる幼児教育が重要だというのは当然ですよね。そのためには義務教育化した上で、きちんとしたカリキュラムを確立することが必要なのです。

――なるほど。しかしカリキュラムを重視するとなれば、子どもの多様性が失われてしまうのではないでしょうか？

鳩山　そうではありません。「きちんとしたカリキュラムを確立すること」と「子どもの多様性を大事にすること」は両立します。これは幼児教育に限らず、教育全体について言えることですが、そもそも教育の目的は、「多様な個人が社会で共生できるようにすること」です。つまり個人を単純に画一化するのではなく、個人の多様性を尊重した上での「社会化」が必要だということです。そしてそのためには、きちんとしたカリキュラムが必要なのです。

――高校教育についてはどうでしょうか？

長島　高校についても、「既に高校進学率はほぼ１００％だから、義務教育にする必要はない」という意見があるかもしれませんが、幼児教育と同じで、それではいけません。いかに、全ての子どもの多様な能力を伸ばして人生を豊かにし、社会の発展にもつなげるか。それを十分に意識した上で、義務教育を高校まで延長して、カリキュラムを丁寧に考えなければなりません。

今は「人生100年時代」と言われています。これから社会はますます複雑化して、混沌としていくのは必至ですし、たとえばこれまで以上にフェイクニュースも含めた情報が溢れていくのも自明でしょう。よく言われているように、おそらく人間の仕事も、人工知能やロボットによってどんどん代替されていく。そんな中で、政府やメディアも含めて、誰にも騙されることなく、力強く生きていける個人を育てることが必要であり、十分な財政支出の下で、高校教育も義務教育化すべきなのです。

――わかりました。では「義務教育のカリキュラムを丁寧に見直す」とは、具体的にはどのような内容なのでしょうか?

鳩山　子どもたちは知識力・思考力・発信力・対話力をバランスよく、総合的に身につける必要がありますが、それが今の義務教育で十分にできているかというと、そうではないでしょう。それを踏まえた上で、義務教育のカリキュラムを見直す上では、世の中には「正解がある領域」と「正解がない領域」がどちらもあるということを肝に銘じなければなりません。

たとえば自然科学や数学などの領域には基本的に客観的真実というものがあり、これがつまり「正解がある領域」です。そしてその真実を知識として身につけることはもちろん、まだ解明されていない真実を追究することに意義や醍醐味があるということを、子どもたちに教える必要がある。それに対して社会科学や人文学には、「正解がある領域」と「正解がない領域」が混在しています。たとえば、経済学ではデータに基づく統計が重要だとしても、それは「データの絶対数」や「再現可能性」などの観点で、自然科学と同水準の精度を追求することはできません。

また、たとえば歴史学では、「できるだけ客観的に歴史を認識して、その教訓を生かさなければならない」というのは正しい一方で、「歴史に完璧な客観性などあり得ない」というのも事実です。要するに、子どもたちが「正解がある領域」と「正解がない領域」の存在を適切に認識して、意見発信や対話も含めて、建設的な学びを行えるようなカリキュラムが必要だということです。

長島　国語や外国語についても、子どもたちが十分な「教養」と「論理性」を身につけるために、カリキュラムの強化が必要でしょう。まず、日本語教育の重要性は議論の余地がありません。特に日本は、2018年にOECDが発表したPISA（学習到達度調査）で、読解力のランキングが15位にまで下がっており、言語教育の改善が急務です。外国語教育についても、今の日本では「どうせ人工知能が進歩して自動翻訳のレベルが上がるから、外国語の能力は必要ない」などの主張もありますが、それは間違いです。なぜなら国語や外国語を学ぶ意義は、自国や世界の文化や歴史を知ることや、世界で普遍的に通用する論理を身につけることにあるからです。もちろん、「日本語が十分に身につく前に外国語を教育しても意味がない」というような意見もありますが、どのタイミングであれば外国語教育がうまくいくかは個人差も大きいでしょうから、細かい議論に捉われすぎずにどんどんやっていけばいいと思います。

鳩山　特に高校教育においては、「誰にも騙されない自立した個人」を育てるために、法律や経済などをテーマにした主権者教育もすべきでしょう。もちろん、子どもたちに偏った思想を植えつけるべきではありませんから、常に異なる二つの考え方を提示する教師がいるようにするなどの工夫は必要です。また、これは後ほど改めてお話ししますが、日本先進会は「みんなが何となく大学に進学する社会」から脱却すべきであり、だからこそ、子どもたちの能力や意欲次第で、高校までの義務教育の中で、質の高い実務教育を受けられるようにすべきと考えます。

表2　PISA調査における読解力の順位の経年変化（上位20位まで）

順位	2009年	2012年	2015年	2018年
1	上海	上海	シンガポール	北京·上海·江蘇·広東
2	韓国	香港	香港	シンガポール
3	フィンランド	シンガポール	カナダ	マカオ
4	香港	日本	フィンランド	香港
5	シンガポール	韓国	アイルランド	エストニア
6	カナダ	フィンランド	エストニア	カナダ
7	ニュージーランド	アイルランド	韓国	フィンランド
8	日本	台湾	日本	アイルランド
9	オーストラリア	カナダ	ノルウェー	韓国
10	オランダ	ポーランド	ニュージーランド	ポーランド
11	ベルギー	エストニア	ドイツ	スウェーデン
12	ノルウェー	リヒテンシュタイン	マカオ	ニュージーランド
13	エストニア	ニュージーランド	ポーランド	アメリカ
14	スイス	オーストラリア	スロベニア	イギリス
15	ポーランド	オランダ	オランダ	日本
16	アイスランド	ベルギー	オーストラリア	オーストラリア
17	アメリカ	スイス	スウェーデン	台湾
18	リヒテンシュタイン	マカオ	デンマーク	デンマーク
19	スウェーデン	ベトナム	フランス	ノルウェー
20	ドイツ	ドイツ	ベルギー	ドイツ

国立教育研究所「OECD 生徒の学習到達度調査（PISA）～2018 年調査国際結果の要約～」
を基に日本先進会が加工・作成

――なるほど。では、「全ての子どもたちに能力や意欲に応じた課外教育を完全無料で提供する」とは、どういうことでしょうか？

長島　日本先進会は教育格差を完全になくすために、「子どもが塾に通う必要のない義務教育システム」を構築すべきと考えています。ただそれは、子どもが学習する時間を全体として減らすべきということではありません。むしろ、子どもの学習時間は増やすべきです。

要するに、義務教育システムの内側で個々の子どもの能力や意欲に応じた課外教育を完全無料で提供するということなのです。そしてこれには当然、幼稚園や小学校における保育サービスなども含まれます。つまり共働きの保護者が、「教育サービスの質」を一切心配することなく、仕事が終わるまで、子どもを預けることができるようにするわけです。

鳩山　ちなみに、課外教育を完全無料で提供するという意味では、義務教育で提供される教育サービスは給食や修学旅行なども含めて、全て完全無料にすべきと考えます。給食も修学旅行も、立派な教育の一環ですから、むしろ今まで無料ではなかったのが非合理的です。

それから一定の範囲で、芸術やスポーツの才能を見つけ出す仕組みも作るべきでしょう。これは一般的な学力についても言えることではありますが、特に芸術やスポーツは、保護者の意識や経済力によって、子どもの才能が見つけ出される可能性が大いに変わってしまうものです。子どものためにも、日本や世界のためにも、貴重な才能が埋もれてしまわないように、義務教育システムがきちんと機能すべきなのです。

——わかりました。では、「非合理的な受験制度を廃止する」とはどういうことなのでしょうか？

鳩山　率直に言って、日本の教育システムにおける最大の問題の一つが、「非合理的な受験制度」であることは明らかです。一部の例外を除いて、義務教育の学校で授業を受けるだけでは、大学受験までの受験競争を勝ち抜くことは難しく、だからこそ塾などに行くことが常識化してしまっている。これは冷静に考えると、非常におかしいことです。

これには一つ、面白い話があります。私の知人で、東大とハーバード大の両方をよく知っている人物がいるのですが、その人は「言語の違いは考慮しないとして、入学時点では、ハーバード大の合格者はほぼ東大に合格できないが、東大の合格者の多くはハーバード大に合格できるだろう。しかし、卒業後10年の時点では、東大の卒業生が再び東大に合格するのはほぼ無理だが、ハーバード大の卒業生が再びハーバード大に合格する確率はかなり高いだろう」と言っていました。

東大入試は日本の受験制度の「権化」とも言えるものですが、要するに東大に限らず、日本の受験制度を勝ち抜くための能力は、あまりにも特殊すぎるということです。より率直に言えば、受験制度を勝ち抜くために必要なのは、受験でしか使えない能力であり、その能力は基本的には社会の中であまり使い物にならないから、時間とともに劣化していく。これはあまりにも非合理的です。

長島　そして、基本的に塾に行かなければ受験競争には勝てないということは、裕福な家庭の子どもたちが絶対的に有利だということです。もちろん、お金さえあれば東大に進学できるという理屈にはなりませんが、今の受験制度では、裕福な家庭の子どもたちが東大に進学しやすいのは当然です。そしてさらに問題なのは、その東大には多額の税金が注ぎ込まれているだけでなく、東大の卒業生は高所得になりやすいということです。つまり今の日本では、税金も絡んで、学歴と所得格差の再生産が起きている。これはあまりにも不健全だと思います。

――しかし、政府はこれまでも大学入試改革を行ってきたのではないでしょうか？

鳩山　政府がこれまで行ってきた大学入試改革というのは、たとえばセンター試験の細かい方式を変えるなど、非常に表面的なマイナーチェンジに過ぎません。センター試験も２０２１年からは「大学入学共通テスト」になりますが、名前が変わるだけで、中身はさほど変わっていないことは明らかでしょう。

では、受験制度が抱える根本的な問題を解決するためにはどうすればいいのかというと、それは高校までのカリキュラムを抜本的に強化した上で、義務教育システムの内側に、子どもたちの能力を適切に評価する合理的な進学システムを構築するしかないのです。

――合理的な進学システムを構築するとは、どういうことなのでしょうか？

長島　高校までのカリキュラムを充実化すれば、あとは「いかに能力や意欲のある子どもを選び、進学させるか」という問題になります。たとえば、公立の小学校や中学校の卒業時点で成績上位30～40％の子どもが、それぞれ公立の中学校や高校の「特別進学校」に進学すれば、高校の「特別進学校」には成績上位10％程度の子どもが集まることになります。そして、そこからさらに成績上位10～20％を絞り込めば、いわゆる「エリート大学」に進学する学生を決めることもできる。

もちろん、これはあくまで例にすぎませんし、これまでのセンター試験のような統一テストも併せて活用すべきですが、とにかく同程度の能力をもつ子どもたちが集まる公立学校のシステムを作れば、切磋琢磨によって能力を伸ばせますし、同じカリキュラムの下で能力の評価もしやすくなります。教師や学校ごとに評価基準が乖離してしまうリスクも懸念されるかもしれませんが、それはまさに統一テストなども活用して、その結果に応じて一定の調整を行えばいいわけです。

鳩山　ただ、ここで気をつけなければならないのは、子どもたちの多様な能力をきちんと見つけ出すべきだということでしょう。簡単に言えば、全ての教科で平均的に成績が良い子どももいれば、特定の教科だけで突出した才能をもつ子どももいる。そういった多様性をきちんと認めて、「特別進学校」に進学させるかどうかも含めて、個々の能力を最大限に伸ばしてあげられる教育環境が必要でしょう。そのためにも、先ほどお話ししたような課外教育が必要なのです。

――なるほど。ただ、日本先進会が提案する「課外教育も含めたカリキュラムの抜本的な強化」を実現するためには、相当な数の教員人材が必要ですよね。だからこそ、「幅広い教員人材の登用・育成プログラムを確立する」というポイントが重要になるということでしょうか？

鳩山　その通りです。より具体的には、塾業界の人材を中心に、社会人経験のある新たな人材を義務教育システムに招き入れ、大いに活躍していただく必要があるでしょう。そして中途採用のための教員育成プログラムも充実させた上で、そのプログラムの参加者には十分な報酬を支払うべきでしょう。また、そもそも教師の報酬を全体的に引き上げる必要もあります。特に幼児教育に関しては、今は幼稚園の先生や保育士に対する報酬が低すぎるため、能力や実績などに応じて、社会全体の平均年収の1～2倍程度の報酬を支払うべきでしょう。

今の義務教育システムでは、教師の長時間労働も深刻な問題になっています。教育現場の労働環境を改善しつつ、一人一人の子どもたちをもっと大事に育てられるようにするためにも、政府が責任をもって、より多くの質の高い教員人材を育成していかなければなりません。

長島　それ以外にも、たとえば中学校や高校の「特別進学校」において、より高いレベルで集中的な外国語教育を行うために十分な外国人教師を採用することや、クラブ活動などで指導をしてくださる地域の方には相応の報酬を支払うことなども必要です。また、ＩＣＴに基づく教育インフラには過剰に依存すべきではないものの、コロナ禍のような緊急事態に対応するためや、地域間の教育格差を是正するための手段としては十分な投資が必要でしょう。

とにかく、次世代を担う子どもたちの人生を最大限に豊かにするために、社会全体として徹底的に義務教育の質を高めていくべきなのです。

大学教育

――では次に「教育」の二つ目、大学教育について聞かせてください。

鳩山　大学教育にかかわる日本先進会の政策はこちらです。

◎19～22歳の全国民に「返済負担が極めて軽い貸付金」を希望に応じて提供する

●無利子・無担保

●金額は最大で年180万円

●返済負担は23歳以降で毎月1万円ずつ

●死亡時には全ての債務が解消

◎大学への補助金を根本的に見直す

●教育：基本的に補助金は廃止

●研究：厳格なガバナンスに基づいて資金を配分

◎国家的プロジェクトを牽引する大学として「最適厚生研究大学（仮称）」を新設する

――まず、19〜22歳の全国民に「返済負担が極めて軽い貸付金」を希望に応じて提供するというのは、どういうことなのでしょうか?

鳩山　この政策によって、「お金がなくて大学に行けないという状況」をなくすと同時に、「学歴を得るために何となく大学に進学する風潮」もなくすことができます。貸付金の具体的な条件としては、無利子・無担保にするとともに、返済負担は23歳以降で毎月1万円ずつにする。貸付金額は最大で年180万円ですから、4年間では最大720万円を借りることができる。つまりその場合は、返済期間が最長60年になるということですね。そして、借りた本人の死亡時には全ての債務が解消され、誰にも引き継がれない。このような貸付金であれば、「お金がなくて大学に行けないという状況」は基本的になくせるはずです。

――なぜ「貸付金」なのでしょうか?　最近の日本では、政府は貸与型奨学金ではなく、むしろ給付型奨学金を拡大しているのではないですか?

長島　日本先進会は、「学歴を得るために何となく大学に進学する風潮」をなくさなければならないと考えています。簡単に言えば、学生に健全な緊張感をもって勉強をしてもらう必要がある。そのためには、政府は給付金ではなく、貸付金を充実させる必要があるということです。

今の日本では、「とりあえず大学に行っておけばいい」という感覚の人が多いと思いますが、これは本当に大きな問題です。ただもちろん、これは学生が悪いわけではなく、社会全体が悪いのです。たとえば会社は、「学生が大学で何を学んだか」をきちんと評価しているとは言えません。それでは学生が真剣に学ぼうとする意欲が高まらないのは当然ですし、大学の教育機能が形骸化するのも無理はありません。その結果、大学生活が「社会に出るまでの長期休暇」のようにもなってしまう。

その一方で、多くの政治家は、大卒の収入が比較的高いという事実だけを持ち出して、「誰もが大学に行けるように給付型奨学金を拡大すべきだ」と主張しているわけですが、これも選挙で勝つための明らかな人気取りであり、どう考えてもおかしい。なぜなら、確かに大卒の収入が比較的高いのは事実ではあるものの、だからと言って、みんなが大卒になれば、みんなの所得が上がるわけではないのは当然だからです。

——なるほど。しかし給付型奨学金は返済する必要がないというのがポイントなのであって、やはり貸付金では、学生が大学進学を躊躇してしまうケースもあるのではないでしょうか？

鳩山　繰り返しになりますが、返済負担は毎月1万円ずつです。仮にこの返済負担が問題になるとすれば、それは「大学で学ぶことが月収1万円の価値もない」ということを意味します。そして月収1万円の価値もないのであれば、そもそも大学に行く意義が乏しいという整理になるはずです。

もちろん、実際に「大学に行く意義」を判断するのは学生自身です。ただ先ほどお話ししたように、日本先進会は義務教育システムを充実させることで、高校を卒業する子どもたちが「誰にも騙されない自立した個人」になるようにすべきだと考えています。そのような個人であれば、「大学に行く意義」を自己責任で判断することは十分に可能です。逆に言えば、そのように自己責任で判断することで、大学でしっかり勉強するようになるわけです。

また非常に大事なポイントは、この貸付金は大学生だけではなく、19～22歳の「全国民」が希望すれば受けられるということです。高校卒業後に大学へ進学するのか、就職するのか、それとも自分で起業するのか。あるいは他の道もある。とにかく、それは個人の自由です。だからこそ、政府が大学生だけに対して給付型奨学金を拡大するのは非常に不健全であり、「大学に進学することだけを正義と決めつけない社会」を作るべきなのです。

――わかりました。では次に、「大学への補助金を根本的に見直す」というポイントについてお願いします。

鳩山　大学の機能は「教育」と「研究」に分けて考えるべきですが、まず教育の方については補助金を廃止すべきです。これは大学だけでなく、短期大学や専門学校などに対する補助金も同様です。19〜22歳の全国民に「返済負担が極めて軽い貸付金」を保障すれば、学生が「お金がなくて大学などに行けないという状況」に陥ることはなくなります。その前提であれば、大学は自らの経営判断で授業料を設定し、意欲のある学生に対して質の高い教育を提供すればいい。そして授業料に見合わない授業しか提供できず、学生が集まらなくなった大学は淘汰されるべきなのです。

これまでは「学歴を得るために何となく大学に進学する風潮」によって、政府が惰性的に補助金を支給し続けてきた結果、少子化が進んできたにもかかわらず、大学の数だけは増え続けるという奇妙な現象が起きてきました。これは明らかに不健全であり、社会全体の生産性を停滞させる原因にもなっていますので、根本的に変えなければならないのです。

――しかし、たとえば私立大学の医学部の授業料は非常に高いと思いますが、補助金を廃止すれば、もっと高くなってしまうのではないですか?

長島　率直に言って、医学部の授業料が非常に高い主な原因は、「医学部の教育にそれくらいのお金がかかるから」だけではないはずです。医療のところでお話ししたように、今の日本では、多くの開業医の収入が非常に高いという現実があります。そして、私立大学の医学部の授業料も非常に高い。これは決して偶然ではなく、入学する学生の大部分が「高い授業料を支払える開業医の家庭の子ども」であることが基本前提になっていると考えられます。これは「学歴と所得格差の再生産」の最たる例であり、健全とは到底言えません。

では政府はどうすべきなのかと言えば、まず医学部の授業にかかるコストをきちんと見極めた上で、医学部の課程が４年ではなく６年であることも踏まえて、たとえば大学の医学部に進学する学生に対しては特例を作って、先ほどお話しした貸付金の最大金額を１・５～２倍にするとともに、25歳以降の返済負担は毎月２万～３万円にするということが考えられます。医療政策でお話ししたように、医師には「社会全体の平均年収の４倍程度」という高年収が支払われるわけですから、その返済負担でも全く問題にならないはずです。

――なるほど。では研究の方についてはどうでしょうか？

鳩山　研究の方は、むしろ政府からの資金提供を充実化する必要があるでしょう。たとえば国立大学法人に対する運営費交付金は、２００４年から減少傾向が続いてきたわけですが、それによって研究現場が逼迫する状況が増えているのは間違いありません。また国全体とし

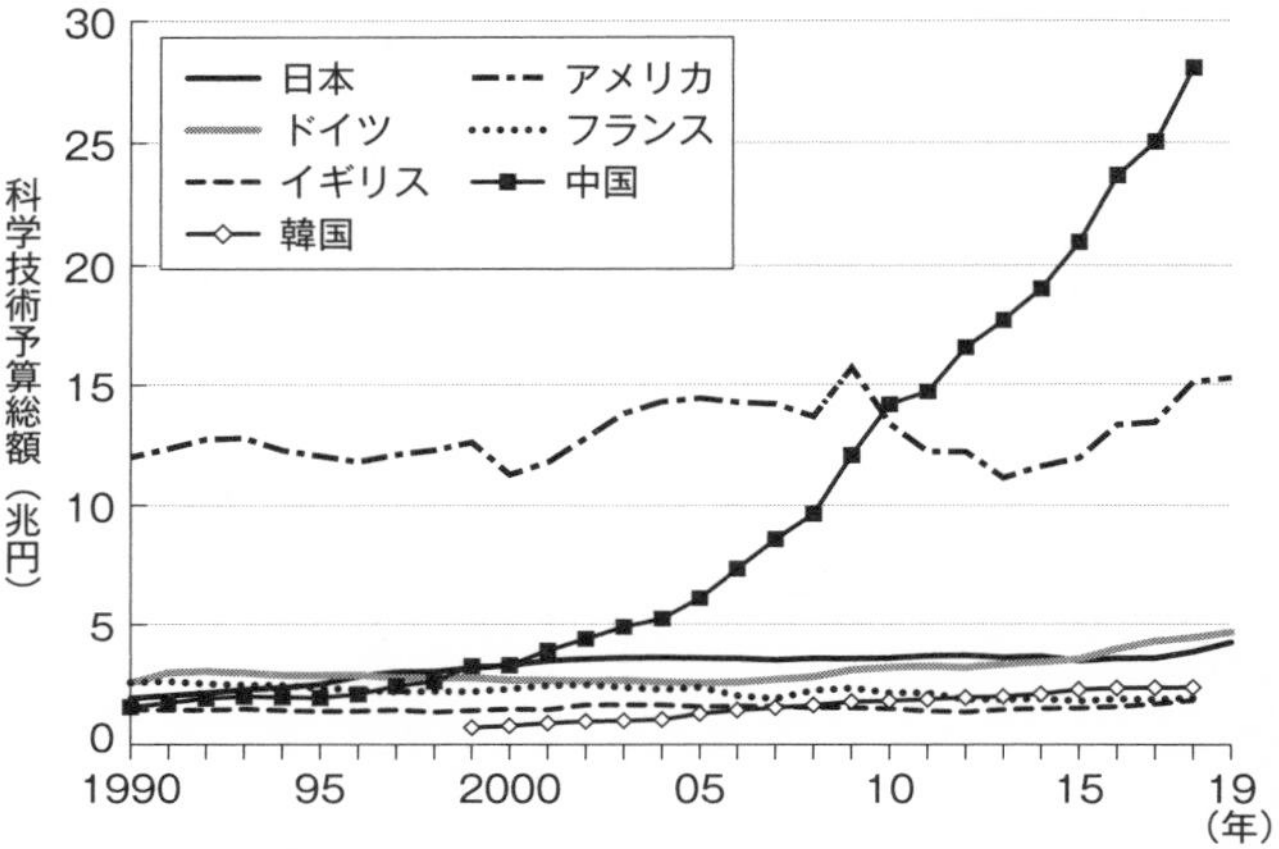

図8　主要国政府の科学技術予算総額（OECD購買力平価換算）の推移

文部科学省 科学技術・学術政策研究所「科学技術指標2020」を基に日本先進会が加工・作成

ても、政府の科学技術予算額は、アメリカや中国より少ないのは仕方ないとしても、直近では、日本より経済規模が小さいはずのドイツにも追い抜かれてしまっています。

これは日本の財政が危機的だという誤解が原因でもあると考えられますので、早急に是正すべきなのは間違いないでしょう。ただし、資金提供を充実化するにあたっては、「厳格なガバナンス」も必要です。

――「厳格なガバナンス」とは、どういうことでしょうか？

鳩山　実態として、日本の大学の人事制度は、客観的な成果や能力に基づいていないケースも少なくありません。要するに、大学が閉鎖的な「ムラ」のようになっていてガバナンスが効きにくい。それが原因で、たとえば若い研究者が、上司である教授に気に入られていないために、ポストを失い、活躍できなくなってしまうケースもあるわけです。

そしてその結果、日本全体として研究の質が落ちてしまっている。たとえば、世界的に注目度の高い研究開発論文、いわゆる「トップ10％論文」や「トップ1％論文」という観点で、日本のシェアはどちらも1990年代の4位から、直近では9位に大きく低下してしまっている。

この状況から根本的に脱却するためには、資金の出し手である政府が客観的な基準を作り、能力に基づいた人事と、研究の成果や期待値に応じた資金配分が行われるように厳しく監視するしかありません。制度設計次第で、研究そのものには介入せず、ガバナンスだけを厳格化することは可能でしょう。

――しかし、政府が研究現場のガバナンスを厳格化するというのは、なかなか難しいのではないでしょうか？

長島　もちろん、研究そのものには介入しないということも含めて、ガバナンスが難しいのは間違いありません。ですから複合的な取り組みも必要になります。

その一つが「国家的プロジェクトを牽引する大学の新設」であり、その新しい大学においい

表3　国・地域別にみたTop10%補正論文数および Top1%補正論文数の推移（上位10か国・地域）

順位	Top10%補正論文数（全分野、分数カウント）					
	1996-1998年（PY）（平均）			2016-2018年（PY）（平均）		
	国・地域名	論文数	シェア	国・地域名	論文数	シェア
1	アメリカ	30,791	44.0	アメリカ	37,871	24.7
2	イギリス	5,880	8.4	中国	33,831	22.0
3	ドイツ	4,619	6.6	イギリス	8,811	5.7
4	日本	4,237	6.1	ドイツ	7,460	4.9
5	フランス	3,432	4.9	イタリア	5,148	3.4
6	カナダ	2,939	4.2	オーストラリア	4,686	3.1
7	イタリア	1,955	2.8	フランス	4,515	2.9
8	オランダ	1,755	2.5	カナダ	4,423	2.9
9	オーストラリア	1,539	2.2	日本	3,865	2.5
10	スイス	1,247	1.8	インド	3,672	2.4

順位	Top1%補正論文数（全分野、分数カウント）					
	1996-1998年（PY）（平均）			2016-2018年（PY）（平均）		
	国・地域名	論文数	シェア	国・地域名	論文数	シェア
1	アメリカ	3,669	52.5	アメリカ	4,501	29.3
2	イギリス	585	8.4	中国	3,358	21.9
3	ドイツ	393	5.6	イギリス	976	6.4
4	日本	338	4.8	ドイツ	731	4.8
5	フランス	298	4.3	オーストラリア	507	3.3
6	カナダ	274	3.9	カナダ	434	2.8
7	オランダ	175	2.5	フランス	427	2.8
8	イタリア	154	2.2	イタリア	390	2.5
9	オーストラリア	146	2.1	日本	305	2.0
10	スイス	134	1.9	オランダ	288	1.9

文部科学省 科学技術・学術政策研究所、「科学技術指標2020」を基に日本先進会が加工・作成

てガバナンス体制を確立して、他の大学でのモデルケースにすべきなのです。なお、その大学を設立する上で大いに参考にすべきなのは、沖縄科学技術大学院大学、通称ＯＩＳＴです。

２０１１年に設立されたＯＩＳＴはたった数年で、科学誌ネイチャーの「質の高い論文ランキング」で東大を上回ってしまいました。もちろん、そもそも大学の規模をはじめとして、ＯＩＳＴと東大には様々な違いがあることには留意すべきですが、ＯＩＳＴのケースから学ぶべきことが多いのは間違いないでしょう。より具体的には、ＯＩＳＴには政府から潤沢な資金が長期的な目線で提供されていることで、研究者たちがより腰を据えた研究ができる環境があるとともに、研究の内容や成果に対して厳格なガバナンスも確立されている。また日本の大学では、特に若手研究者を中心に、研究者が雑務に追われて、研究に集中できないという本末転倒な状況も多いとされますが、ＯＩＳＴでは、アメリカの大学などと同様に十分な事務スタッフがいるため、研究者は研究だけに没頭できる環境があるわけです。

鳩山　もちろんＯＩＳＴに対しては、「予算が潤沢なのだから、うまくいくに決まっている」という主張もありますが、お金を使えばうまくいくのであれば、きちんとお金を使うべきでしょう。大学の研究力が、社会経済の長期的な基盤になるのは間違いないのですから、優秀な研究者の有意義な研究に対しては、十分な資金を提供すべきだということです。いずれにしても、国家的プロジェクトを牽引する大学を新設するにあたっては、ＯＩＳＴの成功例をより大規模に再現するということになるでしょう。

——なるほど。では「国家的プロジェクトを牽引する大学」とは、具体的にはどういうものなのでしょうか？

鳩山　日本先進会はこの大学を、たとえば「最適厚生研究大学」と名づけるべきと考えています。私たちが掲げる「最適厚生主義」という思想については既にお話ししましたが、この最適厚生研究大学は、最適厚生主義を体現するための教育機関として位置づけ、主に人間の健康や安全にかかわる領域で、世界最先端の研究をしてもらうということです。もちろん、そのための資金は政府が潤沢に提供する。取り扱われるテーマには、国防としてのサイバーセキュリティや、医療としてのバイオテクノロジー、今回のコロナのような感染症対策、それから環境問題なども含まれるでしょう。そして、世界最先端の研究を目指す以上、飛び抜けた能力と意欲をもった学生や研究者を集める必要もあります。研究分野によっては、同盟国・準同盟国との連携や、国家機密をきちんと守るための枠組みも必要でしょう。

とにかく、東大などの既存の大学にガバナンスの改善を促すことも含めて、日本の社会経済を最大限に発展させるためには、最適厚生研究大学のような新しい教育機関が必要なのです。

5　雇用制度

最低賃金

――次のテーマは「雇用制度」です。まずは一つ目の最低賃金について聞かせてください。

鳩山　最低賃金にかかわる日本先進会の政策はこちらです。

◎標準的な労働時間の最低賃金を月収20万円にする（東京の場合）
- 5年程度の時間をかけて段階的に実現
- 地方も同様に年6~7%程度引き上げ
- ただし政府部門の最低賃金は月収18万円に設定

●その後は名目経済成長率での引き上げを継続

そもそも最低賃金とは、「社会の中で最も低い所得の方の所得水準はどれくらいであるべきか」という社会問題です。今の日本では、たとえば東京の最低賃金は１０００円程度ですが、この場合、たとえば標準的な労働時間を1日8時間、年２２０日と仮定すると、月収15万円、年収１８０万円を下回ることになります。これはそもそも絶対的な水準としてあまりにも低すぎますし、生活保護の単身世帯の最大支給額が月14万円程度である場合、それと比較しても低すぎると言えます。

日本先進会は今の物価水準であれば、東京の最低賃金は標準的な労働時間でたとえば月収20万円にすべきと考えています。これは時給に換算すると約１３６０円ですから、たとえば5年で段階的に実現するなら、最低賃金の引き上げ率は年6~7%ということになります。最低賃金は一気に引き上げすぎると、たとえば失業者が急増するなど、社会経済が大混乱するリスクがあるため、あくまで段階的に引き上げるべきなのです。そしてもちろん、東京だけでなく他の地域でも同様に、年6~7%の引き上げを行うべきでしょう。

——わかりました。ただ最低賃金を引き上げると、会社が従業員を雇用し続けることができなくなって、失業者が増えてしまうという主張もあるのではないでしょうか？

鳩山　確かにそのような主張はありますが、それほど単純な話ではありません。そもそも最低賃金の引き上げは、社会全体の生産性向上という意味でも重要です。要するに最低賃金の引き上げが、経営者による生産性向上のインセンティブになるということです。そして、もし最低賃金の引き上げによって失業者が増えてしまうのであれば、政府部門の最低賃金を民間部門より低く設定した上で、政府が失業者を最大限雇用すればいいのです。さらに言えば、政府は金融緩和や減税によって景気を拡大させることができますが、それによって社会全体の需要が拡大すれば、労働需要が増え、結果的に失業者は減ります。

――なぜ政府部門の最低賃金を、民間部門より低く設定する必要があるのでしょうか？

長島　それは、政府は民間企業とは違って倒産することがないため、政府部門の最低賃金が民間部門と同じであると、政府が民間から不当に労働力を奪ってしまうことになるからです。それを防ぐためには、政府部門の最低賃金を、民間部門の最低賃金より低く設定する必要があります。

たとえば、東京の民間部門の最低賃金を標準的な労働時間で月収20万円にするなら、政府部門は月収18万円にすればいい。これによって、政府は民間から労働力を奪うことなく、生活保護の単身世帯の最大支給額と比較して十分に高い金額で、雇用を最大化することが可能になるわけです。

――最低賃金については、たとえば全国一律にすべきだという意見もあると思いますが、いかがですか？

長島　結論としては、最低賃金を全国一律にすると、それは基本的に都市への人口集中につながるため、適切ではないと考えています。一般的に地方は都市と比較して人口密度が低いため、サービス業の生産性が低く、その分、全体的な賃金水準も低い。にもかかわらず、政府が無理矢理に最低賃金の引き上げをしてしまうと、都市に移住せざるを得なくなる失業者が増えてしまうということです。もちろん、どこに住むかは基本的に国民の自由ですが、少なくとも最低賃金の政策が原因で人口が都市に集中してしまうというのは不健全です。だからこそ、最低賃金を全国一律にすべきではないのです。

――なるほど。では、最低賃金を当初5年で年6～7％引き上げるとして、その後はどうするのでしょうか？

鳩山　その後は毎年、たとえば名目経済成長率、つまり「インフレ率＋実質経済成長率」での引き上げを継続していくべきでしょう。それによって、「社会の中で最も低い所得の方の生活水準」を、「社会全体の生活水準」と連動する形で向上させることができるのです。

金銭解雇制度

――では次に「雇用制度」の二つ目、金銭解雇制度について聞かせてください。

鳩山　金銭解雇制度にかかわる日本先進会の政策はこちらです。

◎**会社が十分な補償金を支払えば、労働者を解雇できるようにする**
- 補償金の金額は「解雇前の一定期間における平均月収額×１～30」（労働者の年齢や勤続年数などに応じて。一定の上限も設定）
- 会社に退職金制度がある場合はその支払いも補償金に充当可能
- 補償金は個人事業主や企業のオーナー経営者が負っている「無限責任」の対象に

これは要するに、会社は労働者の年齢や勤続年数などに応じた十分な補償金を支払えば、労働者を自由に解雇できるようにする、逆に言えば、十分な補償金を支払わない限り労働者を解雇できないようにするということです。これによって、社会全体として「仕事と人材のミスマッチ」を解消し、生産性向上を実現できるとともに、経営者の乱暴な解雇によって労働者が苦しむのを防ぐことができるようになります。

具体的な制度設計としては、もし会社に独自の退職金制度がある場合は、その支払いも補償金に充当できるようにすべきですし、「経営者が個人資産をたくさんもっているのに、解雇される労働者に補償金を支払わない」というケースをなくすためには、その補償金も、個人事業主や企業のオーナー経営者が負っている「無限責任」の対象に加える必要があるでしょう。

もちろん、補償金の計算方法なども含めた詳細な制度設計は丁寧に検討するべきですが、とにかくこの金銭解雇制度によって、会社が経営破綻して全く資金がないという特殊な状況を除けば、会社都合で解雇される労働者は、「金銭解雇制度による補償金」と「雇用保険制度による失業手当」を併せて受け取れるようになるため、安心して新しい道に挑戦できるということです

——なるほど。この金銭解雇制度は、正規か非正規かに関係なく、全ての労働者に適用されるのでしょうか？

長島　金銭解雇制度が全ての労働者に適用されることによって、そもそも「正規／非正規」という枠組みそのものがなくなるのです。今の日本では、会社との雇用契約に期間が定められていない労働者が「正規労働者」と呼ばれているわけですが、いわゆる「整理解雇の四要件」という判例があるため、会社は基本的に正規労働者を解雇することができません。一方で、非正規労働者は、たとえ正規労働者と同等以上の価値を生み出していても、会社の判断次第で解雇されるわけですね。これはどう考えても平等とは言えません。

それから、たとえ正規労働者であっても、中小企業では不当な解雇が横行しているという実態もあります。基本的に、解雇された労働者が会社を訴えない限り、「整理解雇の四要件」は問題になりません。しかし裁判には多大な時間と労力がかかるため、労働者が泣き寝入りしてしまい、裁判を起こさないケースも多い。だから、一般的に大企業と比較して風評リスクをさほど気にしない中小企業では、補償金を支払わない不当解雇が起きてしまうこともあるのです。

つまり、非正規労働者や中小企業の労働者の権利を守るためには、全ての労働者にとって平等な、金銭解雇制度が必要なのです。そしてそれによって、「正規／非正規」という枠組みそのものがなくなるということですね。

鳩山　ちなみに、安倍政権は「非正規という言葉を一掃する」という名目で、「同一労働・同一賃金」という政策を掲げましたが、これは実効性がありません。なぜなら会社は、非正規労働者の仕事量を、正規労働者より少しだけ少なくする一方で、賃金の差は大きくすることができてしまうからです。それでも会社は、「同一労働ではないから、同一賃金ではないのだ」と言えてしまうわけですね。

そもそも会社が非正規雇用を選択するのは、正規労働者には賃金を支払い続けなければならない中で、人件費に割けるお金には限りがあるからです。つまり正規雇用という枠組みがあるからこそ、非正規雇用という枠組みがあるのであり、非正規という言葉を一掃したいなら、まずは正規雇用という枠組みをなくさなければならない。そのために必要なのが、金銭解雇制度だということです。

――よくわかりました。しかし金銭解雇制度を導入すると、社会経済が混乱してしまうリスクもあるのではないでしょうか?

長島　もちろん、解雇される労働者は転職する必要がありますので、その変化に伴う一定の混乱は想定されます。しかし今の日本の状況を考えれば、金銭解雇制度は「仕事と人材のミスマッチ」を解消するためには必要なのです。

今の日本では、少子高齢化による「人手不足」が問題視されていますよね。しかし本当に起きているのは「人手不足」ではなく、「仕事と人材のミスマッチ」です。要するに、特定の業界や会社だけが人手不足に陥っている。実際に職種別の有効求人倍率を見てみると、コロナ禍の前では、たとえば介護や建設、運輸などは2〜5倍以上と、非常に深刻な人手不足が起きているのに対して、たとえば一般事務は1倍をはるかに下回っていて、むしろ人手が余っている。これが「仕事と人材のミスマッチ」なのであり、社会全体として人手が余っている業界や会社から、人手不足の業界や会社に、きちんと人材を移転することできていないわけです。そして人手が余っている会社では、「そもそもムダな仕事にムダな人数と時間をかける」という状況も発生してしまう。だからこそ、日本の労働者の一人当たりの生産性は、もう30年以上も先進7ヵ国の中で最低なのです。

とにかく、「仕事と人材のミスマッチ」を解消するためには、やはり金銭解雇制度が必要だということです。

――しかし、たとえば介護・建設・運輸などを経験したことがない労働者が、それらの業種に転職するのは難しいのではないでしょうか？

鳩山　その問題を解決するためには、主に二つの手段が必要です。一つ目がまさに金銭解雇

表4　2020年3月時点の職種別有効求人倍率（パートを含む）

職業計	1.30
管理的職業	1.70
専門的・技術的職業	2.12
建築・土木・測量技術者※1	5.40
事務的職業	0.50
一般事務の職業※2	0.42
販売の職業	2.23
サービスの職業	3.31
介護サービスの職業※3	4.10
保安の職業	6.50
農林漁業の職業	1.41
生産工程の職業	1.48
輸送・機械運転の職業	2.34
自動車運転の職業※4	2.73
建設・採掘の職業	4.84
建設の職業※5	4.25
運搬・清掃・包装等の職業	0.76
運搬の職業※6	1.42

厚生労働省「一般職業紹介状況　職業別一般職業紹介状況（常用（含パート））」を基に日本先進会が作成

※1　建築物・土木 施設の計画・設計・工事監理・技術指導・施工管理・検査などを行う技術的な仕事

※2　総務・人事・企画などの事務の仕事

※3　医療施設・介護老人福祉施設などの介護保険施設および個人家庭において、要介護者の入浴・排泄・食事などの世話をする仕事

※4　バス・乗用自動車・貨物自動車などの各種の自動車を運転する仕事

※5　大工・ブロック積み・タイル張り・屋根ふ（葺）き・壁塗り・畳の仕立て・配管・内装・防水の作業などの建設の作業

※6　郵便物の集配、貨物・資材・荷物の運搬・積み卸し、荷物・商品などの配達、および品物の梱包の作業

制度であり、労働者が解雇される場合には手厚い補償金を受け取ることができるため、安心して新しい道に挑戦できるということ。そして二つ目が、人手不足の業界における賃金や労働環境を大幅に改善させるということ。たとえば介護であれば、先ほどお話ししたように、公務員としての介護士に対して、少なくとも社会全体の平均年収の1~2倍程度の報酬を支払うようにしつつ、充実した職業訓練も含めて、介護現場の労働環境を徹底的に改善することができれば、多くの労働者が介護業界で働きたいと思うようになるはずです。その他の業種も同様で、政府が減税を含めた適切な財政支出を実行し続ければ、人手不足の業界の賃金は自然と増えていくはずです。

それに加えて、政府が職業訓練も含めた労働環境が改善されるように健全な介入を行えば、人手不足の業界への転職は促進できるはずです。ちなみに今の日本では、人手不足を解消するという目的で外国人労働者の受け入れを進めているわけですが、このような安易な発想では、日本国民が生産性向上によって経済的に豊かになる機会は失われてしまいますし、いずれ日本が外国人に見向きもされない国になってしまうリスクもあると言えるでしょう。

——わかりました。それ以外に、金銭解雇制度を作ることによって期待される効果はあるのでしょうか？

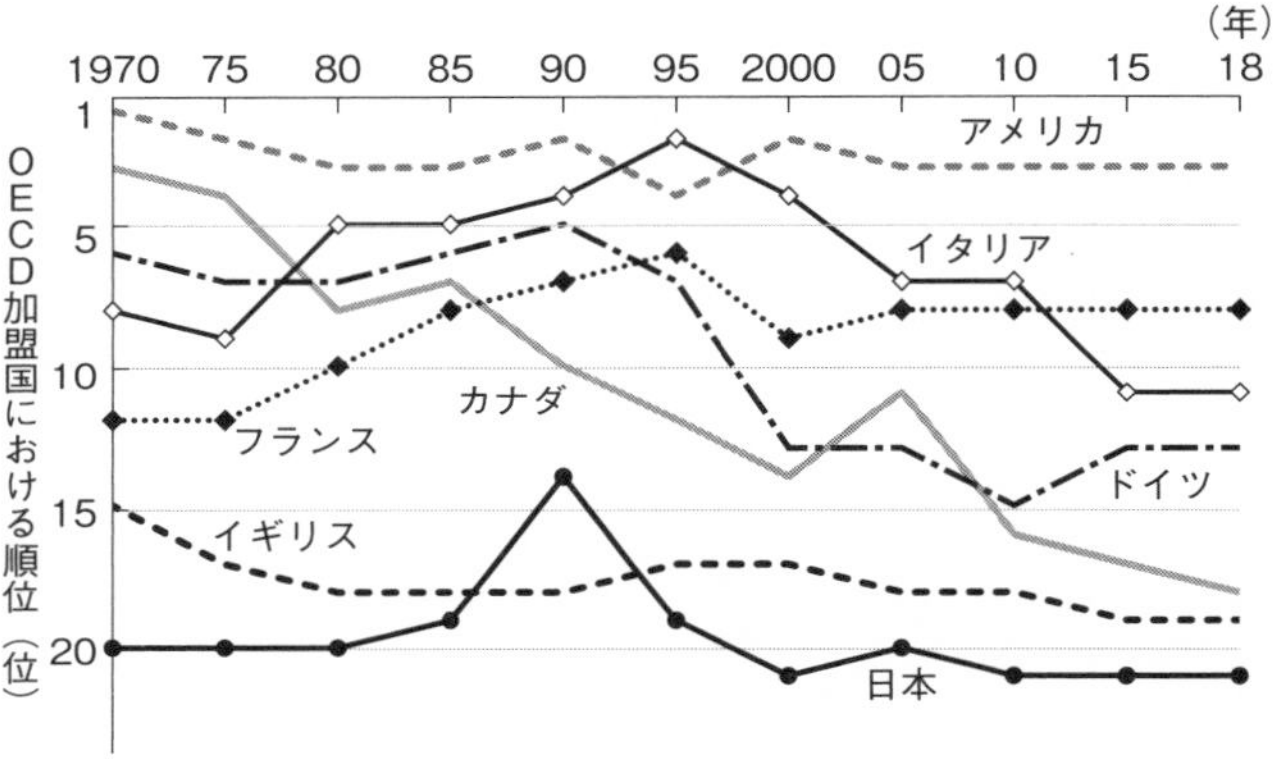

図9　就業者1人当たりの労働生産性にみる、先進7ヵ国のOECD加盟国における順位の変遷

公益財団法人 日本生産性本部 「労働生産性の国際比較 2019」を基に日本先進会が加工・作成
https://www.jpc-net.jp/research/detail/002731.html

長島　金銭解雇制度によって、会社の「ムラ」状態を解消できるようにもなると考えられます。これまでの日本では、正規雇用という枠組みが、正規労働者がハラスメントや長時間労働に苦しむ原因になってきました。会社が正規労働者を解雇することができないと、転職市場が育ちにくいから、人材の入れ替わりが少なくなる。そうすると、会社が「ムラ」のようになってしまい、労働者は会社の言いなりにならざるを得なくなる。だからこそ日本企業には、「上司の命令が絶対的であり、従わないと出世できない」という文化が根強いのです。そしてその結果、ハラスメントや長時間労働も起きやすくなるということです。この会社の「ムラ」状態を解消するためにも、金銭解雇制度が必要なのです。

ただやはり、金銭解雇制度は社会全体の生産性向上、ひいては経済成長につながるというポイントが非常に重要です。つまり社会全体として、国民が受け取る賃金を増やしていくことができる。「そもそもムダな仕事にムダな人数と時間をかけている」という状況をなくすことができれば、国民が経済的により豊かになれるのは当然なのです。

労働時間

――では次に「雇用制度」の三つ目、労働時間について聞かせてください。

鳩山　労働時間にかかわる日本先進会の政策はこちらです。

◎1日当たりの標準的な労働時間を5年ごとに30分短縮する

最近では、２０５０年頃には人工知能の能力が人類を超越するという、いわゆる「シンギュラリティ」が起きるとも言われていますよね。もちろん現時点では、シンギュラリティが本当に起きるのか、そして起きるとすれば、それがどのようなものになるのかは不明です。

　ただ確実に言えるのは、人間が働かなければならない時間が減るということでしょう。つまり、国民の労働時間を計画的・段階的に短くする必要があるということです。今の標準的な労働時間を1日8時間として、5年ごとに30分短縮すれば、20年後の標準的な労働時間は、1日6時間になります。そしてもちろん、これは生産性を向上させることが前提になっていますから、1日6時間労働だからと言って、その分、賃金が少なくなるということではありません。逆に言えば、賃金を少なくすることなく、労働時間が短くなることによって、家族や友人との時間や、自分自身のための時間をより多く確保できるようになり、人生がより豊かになるということなのです。

　とにかく、それほど遠くない未来に人間の労働時間が減ることが明白である以上、その時に向けて段階的に移行していくべきだということです。

長島　また、社会全体として労働時間を段階的に短縮していくことは、「健全なワークシェアリング」を進める上でも非常に重要です。普通に考えて、「生産性が平均より少しだけ高い人々」が毎日10時間働いている一方で、「生産性が平均より少しだけ低い人々」が失業しているような社会は望ましくありません。それをできるだけ避けるためには、労働者の1日

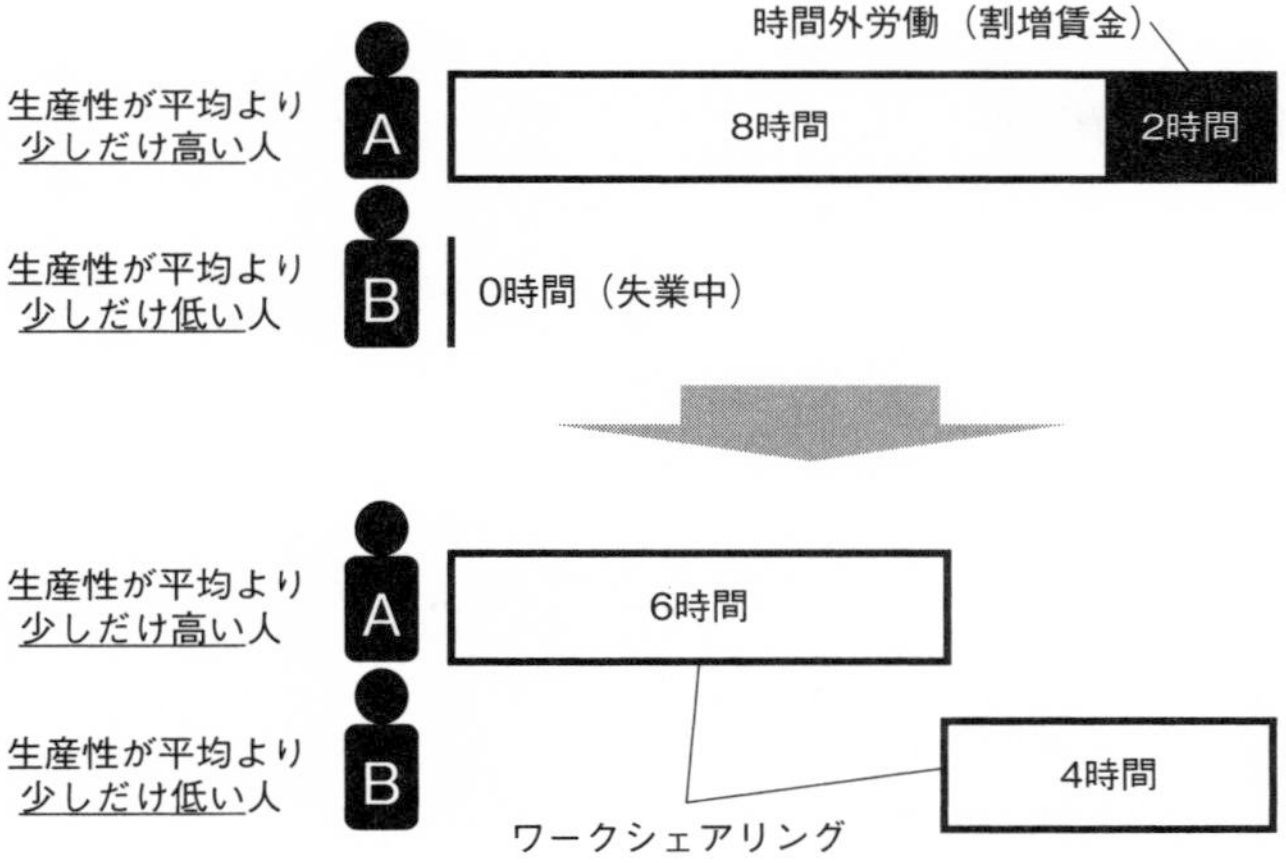

図10　ワークシェアリングのイメージ（例）

当たりの標準的な労働時間を短縮して、標準的な労働時間を超えた場合は賃金が割り増しになるというルールにして、「健全なワークシェアリング」を行うべきなのです。それによって、「生産性が平均より少しだけ高い人々」と「生産性が平均より少しだけ低い人々」が適度に仕事を分け合うことができます。

ただ、これはあくまで会社に雇用される労働者の標準的な労働時間に関する話であり、大原則として、個々人の働き方が自由であることに変わりはありません。

労使問題

――では次に「雇用制度」の四つ目、労使問題について聞かせてください。

鳩山　労使問題にかかわる日本先進会の政策はこちらです。

◎「労働警察」と「労働裁判所」を新設する

まず「労働警察」というのは、要するに、社会経済の中で無数に起きている労使問題を一つ一つ丁寧に解決していくために、慢性的な人手不足に陥っている労働基準監督署の機能を質的・規模的に強化するということです。

今の日本では、労働現場でハラスメントやサービス残業、賃金不払いなどに苦しむ方々が放置されてしまっている。実際に、労働現場を監督指導するための「行政監督権限」や、逮捕や捜索などを行うための「特別司法警察職員としての権限」をもっている労働基準監督官は全体で4000人程度しかいないとされており、これは日本全体で雇用されている労働者が約6000万人であることを踏まえれば、あまりにも少ないと言えます。つまり、ＩＣＴ

を活用して業務を徹底的に効率化するのは当然としても、やはり十分な権限をもつスタッフを大幅に増やすしかありません。それが「労働警察」なのです。

長島　日本先進会が「労働基準監督署」という名称を「労働警察」に変更すべきだと考えているのは、権限と人数を大幅に拡大するだけでなく、社会全体として労働問題と厳しく向き合おうとする空気を醸成するためです。労働現場で起きている問題は、「ハラスメント」や「サービス残業・賃金不払い」という表現では、「世の中そういうこともあるよね」という感じで流されてしまいがちですが、「精神的・肉体的な暴力」や「労働力の窃盗」という表現にすれば、「それは断じて許されない！」となるはずですよね。社会経済は一人一人の労働によって成り立っているわけですから、本来、多くの労働問題が放置されてしまっていることが非常におかしいわけです。

さらに言えば、労働警察はたとえば先ほどお話しした金銭解雇制度において、解雇された労働者がきちんと補償金を受け取れるように、必要に応じて経営者の資産を差し押さえるなどの機能も果たすべきでしょう。

鳩山　そして、労働警察によって労働現場の取り締まりを強化する以上、数多くの労使問題を丁寧に調停するための社会インフラを強化することも不可欠であり、それが「労働裁判所」です。これは要するに、労働問題だけを専門的に取り扱う裁判所を全国に新設するということです。労働裁判所の人材としては、民間の弁護士を積極的に招聘して、きちんと賃金を支払った上で、必要なトレーニングを提供すべきでしょう。これからは「弁護士が余る時代」に突入すると言われていますから、労働裁判所の人材は十分に確保できるはずなのです。

6　納税者利益・消費者利益

通貨・決済インフラ

――社会経済政策の最後のテーマは「納税者利益・消費者利益」です。まずは一つ目の通貨・決済インフラについて聞かせてください。

鳩山　通貨・決済インフラにかかわる日本先進会の政策はこちらです。

◎政府主導で「完全キャッシュレス社会」を実現する

完全キャッシュレス社会の実現は、政府が全ての個人・法人の収入や資産をきちんと把握できるという「徴税の公平性」の観点では「納税者の利益」になるとともに、社会経済全体としてお金の決済にかかわるコストを下げられるという「生産性向上」の観点では「消費者の利益」になります。特に「徴税の公平性」が重要ですが、全ての国民から公平に税金を徴収するためには、政府が個人・法人の収入や資産を完全に捕捉しなければならないのは明らかです。

そして政府が収入や資産を完全に捕捉するためには、マイナンバーを全ての個人や法人に付与するのは当然として、そのマイナンバーを全ての銀行口座や証券口座に紐づけるしかありません。もちろん、このような主張に対しては「国民のプライバシーを尊重すべき」という反論があるでしょう。しかしプライバシーを最大限尊重すべきなのは当然である一方で、やはり全ての国民から公平に税金を徴収しなければならないのも当然のはずです。今の日本では、サラリーマンを中心とした「真面目な納税者の利益」がきちんと守られているとは言えません。たとえばサラリーマンが課税所得を100％把握されていて、きっちり源泉徴収される一方で、たとえば富裕層や政治家の課税所得を把握するのは難しく、厳密に徴税できない。これは本当に許されないことです。

私の父も以前、税金や政治資金の問題でご迷惑をおかけしてしまいましたが、とにかく意図的か否かにかかわらず、税金や政治資金などの問題を見つけ出し、その問題を正すためには、完全キャッシュレス化によって、政府が全ての国民の収入や資産を完全に把握するしかないのです。

長島　ここで重要なのは、個人情報や法人情報というのは漏洩・悪用されることが問題なのであって、政府が正当な理由で情報を把握すること自体は問題ではないということです。仮に政府が個人情報を取得すること自体が問題なのだとすれば、そもそも従来の確定申告も成立しないため、徴税ができなくなってしまう。それはどう考えてもおかしいですよね。

ではどうすればいいのかと言えば、政府が責任をもって個人情報や法人情報の漏洩・悪用を厳格に防ぐシステムを確立するしかない。これは後ほど「情報省の新設」という政策で改めてお話しします。そしてその前提の下で、政府が国民の収入や資産を完全に把握すればいいのです。

――しかし、そもそも政府はどのように完全キャッシュレス化を主導するのでしょうか？

鳩山　それは個人に対して様々なインセンティブを付与するとともに、民間企業にも十分な対価を支払って、協力を要請するしかないでしょう。たとえば３年程度で完全に現金を廃止することを目標とした場合、現金を銀行に預け入れると１年目には３％、２年目には２％、３年目には１％のボーナスを受け取れるようにする。その際は、もちろん「預け入れ」と「引き出し」を繰り返せないような制度にする必要があります。

また、高齢者が詐欺などの被害にあわないように全力を尽くすことは当然ですが、全ての口座がマイナンバーと紐づきになっていれば、仮に被害が発生してしまったとしても、お金の流れを完全に追跡できる。そしてキャッシュレス化を実現した後の防犯対策としては、全てのキャッシュレス決済に生体認証を義務づけ、ブロックチェーンなどの技術も十分に活用する。そのためのインフラ整備のコストについては、政府が責任をもって全て拠出する。もちろん詳細は丁寧に検討する必要がありますが、とにかく政府主導で完全キャッシュレス化を実現すべきなのです。

長島　たとえば災害などで電気が使えない場合に決済ができなくなるリスクに対応するためには、たとえば政府が全ての国民に対して、災害時にしか使えない特別な小切手を配っておけばいいでしょう。とにかく完全キャッシュレス社会を実現するためには、政府は「実現できない理由」を探すのではなく、「実現することによるメリット」と「実現するための工夫」を徹底的に考える必要があります。

たとえば今回のコロナ禍においても、完全キャッシュレス社会になっていて、政府が国民の収入や資産を完全に把握できるようになっていれば、本当に助けるべき方々を速やかに特定して、適切な支援を行うこともできていたはずでしょう。今の日本政府はキャッシュレス化について基本的に受け身の姿勢であり、「他国の先例があるならやろう」や「民間主導で進むならそれでいい」という考え方だと推察されますが、それではいけないのです。通貨や決済インフラのような「公共財」の領域では、政府が主導して計画的に合理化をしなければ、社会全体として最適解を得ることはできません。また中長期的には、先ほどお話ししたように、政府は「日銀デジタル通貨」の導入も促進すべきであり、それとの整合性も含めて、責任をもって完全キャッシュレス化に取り組む必要があります。

行政全般

――では次に「納税者利益・消費者利益」の二つ目、行政全般について聞かせてください。

鳩山　行政全般にかかわる日本先進会の政策はこちらです。

◎行政・規制改革特命大臣に民間人材を起用して「成果に応じた報酬」を支払う
- ムダな業界規制・補助金の撤廃
- ムダな行政の排除

まず「ムダな業界規制・補助金の撤廃」についてですが、そもそも大原則として、ムダな業界規制や補助金は納税者や消費者の利益に反します。なぜならムダな業界規制や補助金があると、本来は市場のメカニズムで淘汰されるべき「生産性の低い生産者」が生き残ってしまうため、社会全体の生産性が停滞してしまい、消費者がより質の高いモノやサービスをより安く手に入れることができなくなってしまうからです。

ではなぜ、そもそもムダな業界規制や補助金というものがあるのかというと、それらが「政治家が選挙に勝つための道具」になっているからです。要するに、業界規制や補助金によって利益を得ている一部の国民が、政治資金や選挙協力という形で政治家を支援している。そして、そういった支援を受けている政治家が、ムダな業界規制や補助金を撤廃せずに温存している。そういう不健全な構造になっているのであり、納税者や消費者としての国民が不利益を被っているわけです。

ではどうすべきなのかというと、ムダな業界規制や補助金を一つずつ丁寧に撤廃するしかありません。そしてそれを主導すべきなのは、基本的に、国権の最高機関であり、唯一の立法機関である国会を構成している国会議員です。日本先進会はそれを主導できる政治家だけが集まる政党にしたいと考えています。しかし既存の政党や政治家は、既に業界規制や補助金によって利益を得ている一部の国民とつながっているわけですから、そういった「潜在的な抵抗勢力」に妨害されないためには複数の手段が必要になります。

そのうちの一つが、行政・規制改革特命大臣に民間人材を起用して「成果に応じた報酬」を支払うということなのです。

長島　ムダな業界規制や補助金を一つずつ丁寧に撤廃していくためには、当然ながら、「そもそも何がムダな業界規制や補助金なのか」という問いから始めなければなりません。その問いに対して答えを出すためには、たとえば国民から寄せられるパブリックコメントや陳情などの膨大な情報に基づいて、徹底的な調査・分析を行う必要がある。行政・規制改革特命大臣は、そういった地道な作業を主導するわけです。そしてその大臣は、既存の政治家や官僚に忖度することがないように、極めて優秀な人材を民間から招聘しなければならない。その上で、信頼できる優秀なメンバーをたとえば１００名くらい集めてプロジェクトチームを作り、何がムダな業界規制や補助金なのか、そしてどのようにそれらを撤廃すべきなのかを明らかにして、最終的に内閣立法につなげるということです。

ここで重要になるのが、その行政・規制改革特命大臣や、そのプロジェクトメンバーの報酬体系ですが、結論としては大部分を「成果に応じた報酬」にすべきと考えています。たとえばムダな業界規制や補助金を撤廃することで、国民全体に１兆円の利益をもたらしたと試算されるのであれば、大臣を含めたプロジェクトメンバー全体に対してその１％である１００億円を支払う。もちろんこの数字は例に過ぎませんが、とにかく民間人材を登用し、成果に応じた報酬を支払うことが、真に国民全体の利益を尊重することにつながるわけです。

なお、このような提案に対しては、「成果に応じた報酬を支払うことにすれば、業界規制や補助金が過剰に削減されてしまうのではないか」と懸念する方もいらっしゃるかもしれませんが、それは問題ありません。なぜなら、最終的に予算や立法の決定権限をもっているのは政治家である国会議員であり、行政・規制改革特命大臣ではないからです。

――なるほど。ちなみに、そもそもどのような補助金が「ムダな補助金」に該当するのでしょうか？

長島　たとえばこれまでの政府は、民間企業に対して「ICTの導入などの設備投資を奨励する」などの名目で補助金を支給したり、あるいはそれと基本的に同じである減税を行ってきたりしたわけですが、これはどう考えてもおかしい。たとえばICTを導入して本気で生産性向上に取り組もうとしている企業であれば、自己資金や借入金によって、自己責任で設備投資を行うべきです。逆に言えば、自己資金や借入金を使わなければ、経営者の緊張感が欠けてしまって、本当に意味のある設備投資にはならないリスクが大きい。行政か民間かにかかわらず、ムダに充実したICTを導入したものの、それをきちんと使いこなせていない事例がたくさんあるというのは、多くの方が知っていることでしょう。

つまり民間企業が「自分のお金」ではなく、政府からもらった「納税者のお金」で設備投資を行うというのは非合理的であり、だからこそそれは「ムダな補助金」だと言えるわけです。そしてその結果として社会全体の生産性が向上しないのであれば、それは納税者利益にも、消費者利益にも反するということですね。

――わかりました。では、「ムダな行政の排除」についてはどうでしょうか？

鳩山　これも行政・規制改革特命大臣が担当すべき領域です。今の菅政権は「縦割り行政の弊害をなくす」や「デジタル庁を作る」と言っていますが、本質的に重要なのはムダな行政を排除して、税金のムダづかいをなくすということであるはずです。つまり「縦割り行政」や「デジタル」というのは単なる目立ちやすいキーワードに過ぎないのであって、そんな言葉遊びをしているようではムダを徹底的に排除できるかどうかは非常に怪しいのです。

そのような意味では、たとえば民主党政権の失敗の一つである「事業仕分け」も同じだったと言えるでしょう。「事業仕分け」という言葉の響きと、政治家がメディアの前で官僚を糾弾するようなパフォーマンスが注目を集めたわけですが、結局、国民に約束した財源を確保することはできなかった。ただ重要なポイントは、あの失敗について「行政には実はそこまでムダはなかったのだ」という解釈があるわけですが、それは大きな誤解だということです。正しくは、「ムダがなかった」のではなく、「ムダをムダとしてきちんと認識することができなかった」ということです。政治家が官僚に少しインタビューをするだけで、巨大な行政に蔓延しているムダを十分に認識できるはずはなかったのです。

繰り返しになりますが、ムダをムダとしてきちんと認識するためには実態調査やデータ分析などの膨大な作業が必要なのであり、だからこそ行政・規制改革特命大臣をトップとしたプロジェクトチームに「成果に応じた報酬」で働いてもらう必要があるのです。

長島　ただムダな行政を排除するということは、それによって浮いた行政スタッフの労働力を新しい領域で活用するか、民間に送り出さなければ、税金のムダづかいをなくすことにはつながりません。これはまさに菅政権が明確にしていないポイントであり、非常に重要なのです。

たとえば行政にＩＣＴを導入することで効率化できるとすれば、それによって仕事がなくなる行政スタッフが必ず出てくるわけです。生産性向上というものは、そういう行政スタッフが新しい領域で価値を生み出して、はじめて実現する。逆に言えば、そうでなければ生産性は向上しないのです。菅首相はそのポイントについて何も言及していないため、無責任と言わざるを得ません。

日本先進会はムダな行政を徹底的に排除した上で、それによって浮いた行政スタッフの労働力については、きちんとしたトレーニングの機会と十分な報酬を提供することを前提に、人手不足の領域、つまり今までお話しした義務教育や介護、そして後でお話しする子どもの安全確保や国土インフラの整備などの領域で活用すべきと考えています。もちろん、民間で活躍する人材が増えることも重要でしょう。

鳩山　ちなみに先ほどお話しした徴税について言えば、日本先進会が提案する税制のシンプル化・合理化を前提に、完全キャッシュレス社会を実現できれば、今の税務署が担っている仕事をほぼ完全になくすこともできるでしょう。政府の徴税システムを民間金融機関のインターネット口座や、家計管理アプリ、さらにはクラウド会計ソフトなどにつなげることで、完全な自動徴税まで可能になることも十分にあり得るからです。

とにかく、納税者や消費者の利益を最大限に尊重するためには、ＩＣＴの導入も含めて徹底的にやるしかない。それによって浮いた行政スタッフの貴重な労働力は、別の領域で丁寧に活用すればいいのです。

第2章　安全保障政策

1　国防

――では続いて、「三つの大政策領域」の二つ目、安全保障政策です。まずは「国防」について聞かせてください。

鳩山　国防にかかわる日本先進会の政策はこちらです。

◎「日米同盟」を強化するために日米安全保障条約の改定交渉を行う
•「日米は互いの領土・領海・領空に限定して相互防衛を行う」という取り決めに

●公海上の取り決めについては別途協議
●在日米軍基地や日米地位協定についても同時に交渉
●日本における潜在的な「核兵器の共同保有」についても話し合い（NATOの先例を参考に）
●「日米を含めた自由・民主主義陣営の新たな同盟」にも適宜参加
●日米同盟の正常化・強化と並行して自衛隊も十分に強化

まず大前提として、国防の目的は「戦争の抑止」、つまり「日本で戦争が起きるリスクを可能な限りゼロに近づけること」だというポイントが非常に重要です。日本では「国防を強化しなければならない」と主張すると、「お前らはそんなに戦争がしたいのか」と批判されてしまう傾向があります。しかしその批判は完全に間違っています。国防を強化すべきなのは、戦争がしたいからでは決してなく、そもそも日本で戦争が起きないようにしたいからなのです。

長島　この点についてきちんとご理解いただくためには、一つ一つの論理を丁寧にお話しする必要があるでしょう。

まず、そもそも日本で戦争が起きないようにするためには何が必要なのかと言えば、これは当然のことですが、「日本が他国に戦争を仕掛けないこと」と、「日本が他国から戦争を仕掛けられないこと」です。日本が他国に戦争を仕掛ければ、基本的に日本の国土が報復の対象になるわけですから、「日本が他国に戦争を仕掛けないこと」も重要なのは当たり前ですよね。

ではまず、日本が他国に戦争を仕掛けないためには何が必要かと言えば、それは「健全な立憲民主主義の下で、侵略戦争を禁止している日本国憲法をしっかり守る」ということに尽きます。これは最終的に国民の根本的な意識に依存する問題ですから、とにかく平和主義の精神を維持して、将来世代にも確実に引き継いでいくしかありません。

では次に、日本が他国から戦争を仕掛けられないためには何が必要なのかと言えば、それは「経済を含めた外交努力」と「軍事的な抑止力」です。そしてその「軍事的な抑止力」というのが、まさに国防です。

——なぜ日本が他国から戦争を仕掛けられないためには、「経済を含めた外交努力」だけでなく、「軍事的な抑止力」も必要になるのでしょうか？

鳩山　それは、「経済を含めた外交努力」は確かに重要である一方で、戦争を抑止する手段としては限界があるからです。たとえば私の父である鳩山由紀夫は、「外交努力によって他国が日本に戦争を仕掛ける意図をもたないようにすることが最も重要である」と主張しているのですが、その基本精神は大いに尊重したいものの、現実はそれほど甘いものではありません。それは「日本と他国の関係性」というものが、「個人同士の関係性」と比較して、はるかに複雑だからです。そしてその理由は、「日本」や「他国」という概念がそもそも複雑だからです。

たとえば「日本」と一言で言っても、それは日本の総理大臣なのか、国会議員なのか、官僚なのか、メディアなのか、あるいは国民なのか、定かではありません。それは「他国」も同じです。「アメリカ」と一言で言っても、それは大統領や政府高官だけでなく、アメリカ軍やメディアなどの多様な要素を含んでいる。たとえば「中国」も、よく言われているような「最高指導者である国家主席を頂点とした完全なピラミッド型社会」という単純な構造ではなくて、中国共産党内での権力争いや、人民解放軍に対するガバナンスなど、外からではなかなか見えにくい問題がたくさんあるはずです。

要するに、そもそも「国」というものが複雑である以上、「日本と他国の関係性」は極めて複雑なのであり、「国」の一部に過ぎない政府のトップ同士が「外交努力」で仲良くしたからと言って、それだけで戦争を抑止できるはずがありません。仮に現在のトップ同士の関係が良好でも、次のトップ同士が同じような関係になれるという保証はないし、あるいは他国のトップは、国内で国民の不満が爆発しそうな時には、国外に日本という「敵」を作ることで、批判の矛先を逸らそうとするかもしれないのです。

――だからこそ、「軍事的な抑止力」の重要性が高いということですね?

長島　その通りです。そして「軍事的な抑止力」とは、より明確に言えば、他国が「報復が怖いから日本を攻撃することはできない」と考えざるを得ない状況を作り出すということです。

では「軍事的な抑止力」としては何が必要かと言えば、選択肢は基本的には「自国が軍事大国になること」と「軍事大国と同盟を結ぶこと」の二つしかありません。そして「軍事大国」というものは、定義がそれほど明確になっているわけではありませんが、とにかく自前で核兵器をもっていることが必要条件であることは間違いないでしょう。そもそも「軍事大国かどうか」は相対的な問題ですが、核兵器をもっていない国は、核兵器をもっている国に対して厳しく要求することはできません。

たとえば、「核兵器をもっているA国」が暴走して、「核兵器をもっておらず、他国と軍事同盟を結んでいない B 国」のある地域をいきなり攻撃したとしましょう。その場合、B 国はA 国に対して反撃することはできません。なぜなら B 国が反撃すれば、A 国が核兵器によって非常に大規模な再反撃をしてくる可能性が高いからです。つまり B 国は攻撃されても何もすることができない。その結果、A 国は平然と B 国に侵入して、暴力的な統治を始めてしまうかもしれない。それを防ぐためには、B 国は自ら核兵器を保有して軍事大国になるか、核兵器をもっている軍事大国と同盟を結ぶしかないわけです。

――なるほど。では日本には「自国が軍事大国になる」という選択肢はあるのでしょうか？

鳩山　結論としては、その選択はすべきではないと考えています。繰り返しになりますが、軍事大国になるためには自前で核兵器をもつ必要があります。では日本は自前で核兵器をもてるのか、もつべきなのかというと、日本先進会はそうではないと考えています。仮に日本が自前で核兵器をもとうとするならば、アメリカも含めた既存の軍事大国から大いに警戒され、先制攻撃をされてしまうリスクすら生じるでしょう。

また、NPT（核拡散防止条約）を批准している日本が自前で核兵器をもとうとすれば、それは条約違反ですから、他の加盟国も「自分たちにも権利がある」と言い出して、世界中に核兵器が溢れてしまうという恐ろしい状況になりかねない。それは日本にとっても世界にとっても望ましいことではありません。だからこそ、日本は自前で核兵器をもつことはできない、つまり「自国が軍事大国になる」という選択肢はないのです。

——そうすると、日本には「軍事大国と同盟を結ぶ」という選択肢しかないということですね？

長島　その通りです。そしてその同盟を結ぶ相手である軍事大国はアメリカしかあり得ません。それは現在の状況を踏まえれば当然のことですが、何より重要なのは、アメリカが「自由」と「民主主義」を標榜する国だということです。

もちろんアメリカだって「完璧な国」からはほど遠い。しかし少なくとも、憲法で自由と民主主義が尊重されていて、きちんと選挙を行って国民の代表を選んでいる。確かに「民主主義は暴走するから正しい結論を導き出すとは限らない」というのは正しいとしても、だからと言って、一党独裁体制や非民主的なプロセスで選ばれたリーダーが国を統治することが正当化されるはずはありません。つまり、日本が軍事同盟を結ぶ相手はアメリカしかあり得ないのです。

——だからこそ、「日米同盟を強化するために日米安全保障条約を改定する」ということですね。ではなぜ、「日米は互いの領土・領海・領空に限定して相互防衛を行う」という取り決

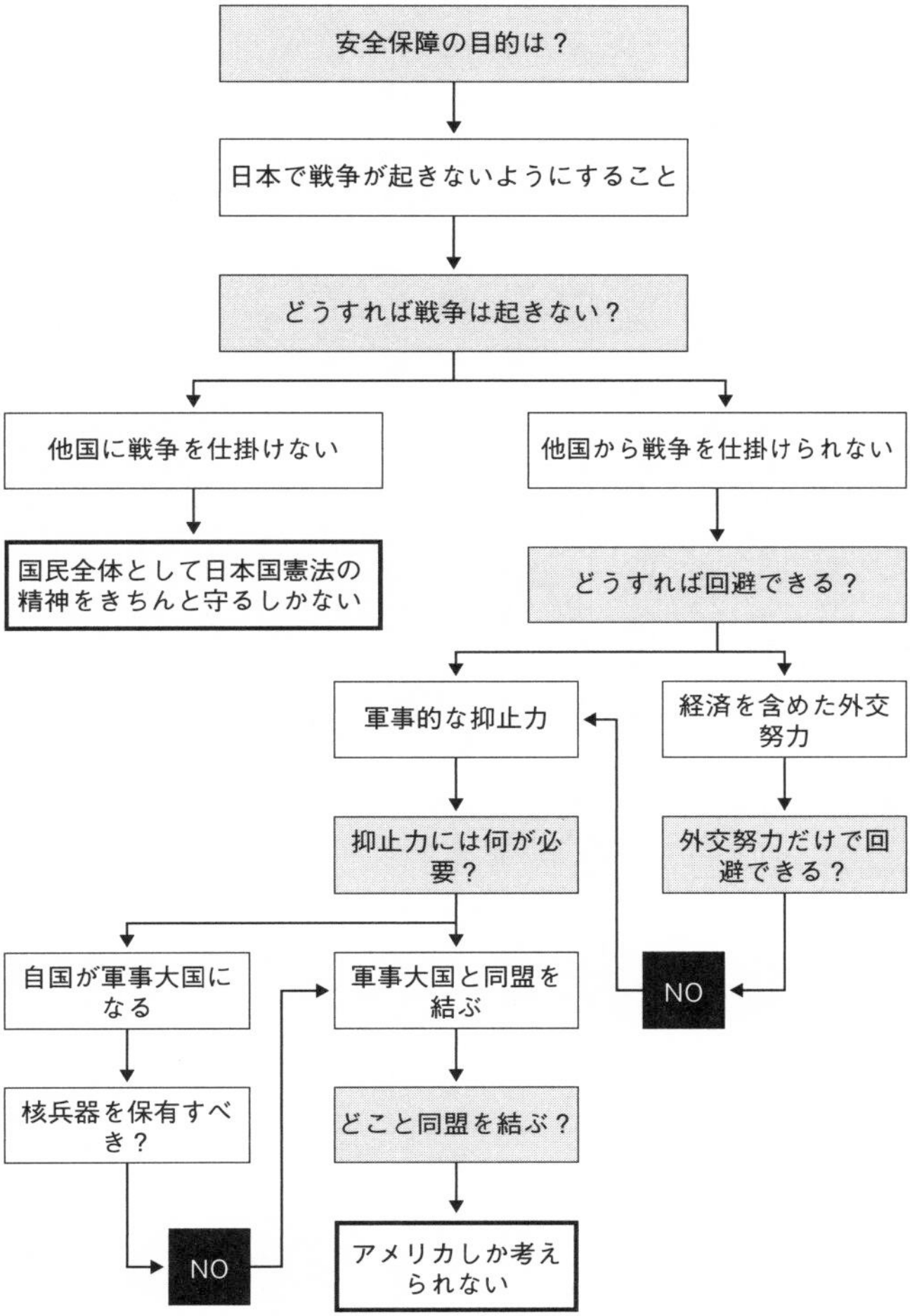

図11　安全保障に関するロジックツリー

めにすべきなのでしょうか？

鳩山　その最大の目的は、「日本がアメリカに見捨てられるリスク」を最小化するということです。

そもそも今の日米安保条約には、あまりにも長い間放置されてきた根本的な問題があります。簡単に言えば、「アメリカには日本を守る義務がある一方で、日本にはアメリカを守る義務がなく、在日米軍基地のために土地を提供するだけでいい」という取り決めになっているわけですね。これはもう何十年も放置されているから当たり前のようになっていますが、冷静に考えればあまりにも不健全なのです。普通に考えて、「土地を使わせてあげているのだから、命を懸けて守って下さいね」というお願いが成立するはずがない。もし自分がアメリカ軍の兵士の親だったらと想像すれば、「そんな自分勝手な国は、いざとなったら見捨ててしまえばいい」と考えても全く不思議ではないわけです。

つまり今のままでは、日本は将来にわたって「いざとなったらアメリカに見捨てられるリスク」を抱え続けることになってしまう。だからこそ日米安保条約を改定し、「日米は互いの領土・領海・領空に限定して相互防衛を行う」という取り決めにすべきなのです。そしてもちろん、そのためには憲法もきちんと改正する必要があります。

長島　このような主張に対しては、「相互防衛にしたからと言ってアメリカが日本を見捨てないとは限らない」という反論があるかもしれませんが、たとえそのリスクがゼロにならないとしても、リスクを最小化することには確実に意味があります。そして、仮に日米安保条約を改定した後に、アメリカが日本を見捨てるようなことがあれば、ＮＡＴＯ（北大西洋条約機構）を中心に、アメリカが世界中で結んでいる軍事同盟が実質的に崩壊してしまうのは明らかでしょう。つまり、「相互防衛にしたからと言ってアメリカが日本を見捨てないとは限らない」という反論には、あまり説得力がないのです。

鳩山　ちなみに「互いの領土・領海・領空に限定する」というポイントが重要なのは、「日本がアメリカの戦争に巻き込まれるリスク」も最小化するためです。一般的に、軍事同盟には「同盟国に見捨てられるリスク」と「同盟国の戦争に巻き込まれるリスク」があるとされています。これまでの歴史を踏まえれば、アメリカは「正義」の名の下で、たとえば中東などで戦争を仕掛けてしまう傾向があるわけですが、日本はどこからも攻撃をされていない以上、その戦争に参加すべきではありません。それを担保するためには、相互防衛を行う範囲を「互いの領土・領海・領空」に限定する必要があるということです。

――しかし安倍政権が成立させた「平和安全法制」によって、日米の領土・領海・領空とは関係ない公海上でも、状況次第では、日本はアメリカを他国の攻撃から守れるようになったのではないでしょうか？

長島　確かに「平和安全法制」によって、日本はアメリカに対する集団的自衛権を限定的に行使できるようになりました。しかし問題は、集団的自衛権の行使が容認される状況は、「そもそも日本という国の存立が脅かされている事態」であり、それならば個別的自衛権の行使という整理で問題はないという主張に対して、きちんと反論することができていないというポイントです。

それを踏まえた上で、日本先進会としては、やはり「アメリカの戦争に巻き込まれるリスク」を最小化するという意味で、基本的に公海上では日米の相互防衛義務が発生しないようにすべきと考えています。

ただ、日米が安保条約の改定交渉や国内の法整備によって、丁寧な取り決めをすることができるのであれば、公海上での「最低限の相互防衛」も可能であると考えられます。たとえば、アメリカが他国に戦争を仕掛けているわけではない状況であれば、アメリカの艦船が公海上で他国からの攻撃を受け、今まさに沈没しかけていて、その近くに日本の海上自衛隊がいる場合には、必要最低限の武力行使も前提に救護活動ができるようにするということです。そしてこれは、もちろん相互防衛ですから、日本の自衛隊が攻撃を受け、沈没しかけている時には、アメリカが助けてくれるということになります。

――わかりました。では在日米軍基地や日米地位協定についても同時に交渉するとは、どういうことでしょうか？

鳩山　ここまでお話ししてきた日米安保条約の改定というのは、単に「日本がアメリカに見捨てられるリスク」を最小化するためだけのものではなく、日本が「アメリカの言いなり」という状態から脱却するためにも必要なことです。

繰り返しになりますが、「土地を使わせてあげているのだから、命を懸けて守って下さいね」という今の日米安保は極めて不健全です。「アメリカには在日米軍基地を使えるというメリットがあるのだから何も問題ない」という主張もありますが、それは違います。命というものは、土地とは比較にならないほど大切なものなのです。だからこそ、日本が「命を懸けて守って下さいね」というスタンスである以上、アメリカは「別にいいけど、それなら私たちの言うことは全部聞いてね」というスタンスで返してくるに決まっている。それが、これまで日本が常にアメリカの言いなりだった根本的な原因なのです。

つまり、日米安保条約を改定することができれば、日本のアメリカに対する発言力は確実に上がる。それによってはじめて、在日米軍基地の合理的な整理・縮小や、日米地位協定の適切な改定についても交渉できるようになるわけです。逆に言えば、日米安保条約という根本問題には目を向けることなく、「アメリカの言いなりではダメだ！」や「沖縄の人々の負担を軽減しろ！」と叫ぶだけなのは無責任であり、非建設的であると言わざるを得ません。

――なるほど。では、NATOの先例を参考にして、日本における潜在的な「核兵器の共同保有」についても話し合うということについてですが、これは「非核三原則」に反しないのでしょうか？

長島　日本政府の最終目的は、「日本国民を確実に守ること」であり、「非核三原則を守ること」ではないはずです。繰り返しになりますが、日本のような核兵器をもっていない非軍事大国は、大量の核兵器をもっている軍事大国に対して、究極的には無力です。つまり、日本は事実上、「同盟国であるアメリカの核兵器に基づく抑止力」によって守られている。もちろん、「アメリカの核の傘などは幻想に過ぎない」という意見もありますが、それは日米同盟の重要性を否定するための歪んだ主張に過ぎないでしょう。

それを踏まえた上で、アメリカの核兵器に基づく抑止力を最大限に高めるためには、たとえば日本において「アメリカと日本が核兵器を共同保有する」という形を採用して、実際の使用には日米双方の合意を必要とするようなルールを構築することは検討すべきです。これは荒唐無稽のアイディアでは決してなく、ＮＡＴＯにおいて、たとえばドイツやイタリアなどが、アメリカとの間で「ニュークリア・シェアリング」という枠組みを採用しているのを模倣すればいいだけの話です。ただその場合は、もちろんそれがＮＰＴ違反になることがないように、アメリカを含めた国際社会と丁寧に対話をする必要があるでしょう。

鳩山　核兵器については、「日本は唯一の被爆国なのだから、核兵器の廃絶を目指して、核兵器禁止条約に参加すべきだ」という主張が多いと言えます。しかし残念ながら、世界から核兵器をなくすことはできません。なぜなら、軍事大国同士は互いに核兵器を完全に放棄したことを１００％確認し合うことができないからです。１００％確認することができない以上、自らが放棄するわけにはいかない。あるいは、仮に核兵器を一度は放棄した国であっても、また秘密裏に作ってしまうかもしれません。

とにかく、世界から核兵器を完全になくすことはできません。これは非常に悲しいことなのですが、どうしようもないのです。だからこそ、日本政府は他国が実際に日本国民に対して核兵器を使用することがないように、同盟国であるアメリカの核兵器に基づく抑止力を最大限に高める必要があるわけです。

――わかりました。では「日米を含めた自由・民主主義陣営の新たな同盟」にも適宜参加するというポイントや、日米同盟の正常化・強化と並行して自衛隊も十分に強化するというポイントについてもお願いします。

長島　まず「日米を含めた自由・民主主義陣営の新たな同盟」については、いわゆる「自由で開かれたインド太平洋戦略」や「セキュリティダイヤモンド構想」などを指しており、これは関係各国としっかり連携して強化すべきだということです。ただその際には、日米安保条約のような相互防衛という形を採用すべきではないでしょう。それは、日本が国民と国土を守るためには、基本的に自衛隊とアメリカ軍の戦力だけで十分であるし、「他国の戦争に巻き込まれるリスク」も最小化すべきだからです。

しかし逆に言えば、日米同盟の正常化・強化と並行する形で、自衛隊も十分に強化する必要があるでしょう。特に中国の領海侵犯への対応はもちろんのこと、脆弱と言われ続けてきた島しょ防衛などには十分な財政支出や人員を充てる必要があります。そういった「自助努力」をしっかり行うことは、日米同盟の信頼関係を高めるためにも非常に重要なのです。

2　防犯（テロやスパイの防止を含む）

――では次に、「防犯」について聞かせてください。

鳩山　防犯にかかわる日本先進会の政策はこちらです。

> **◎以下を条件に警察・検察の捜査権限を強化して、「健全な監視社会」を実現する**
> ・個人情報の漏洩・悪用の徹底的な防止（「情報省」の新設も含む）
> ・全ての取調べの可視化
> ・取調べにおける弁護士立会いの完全合法化
> **◎先進諸国と同水準の「スパイ防止法」を作る**

これは、いかに国内で日本国民を苦しめる犯罪をなくしていけるかという問題です。結論としては、国民を苦しめる犯罪を最小化するためには、「健全な監視社会」を実現するしかありません。「監視社会」と言えば、独裁者が国民から自由や権利を奪って、国民の行動や発言をコントロールしようとするような恐ろしい社会のイメージがあるかもしれませんが、もちろん日本先進会の提案はそういうことでは全くありません。

まず大前提として、殺人や強盗、放火、性犯罪、危険運転などの全ての犯罪を事前に完全に防止することは残念ながら難しいと言えますが、事後に真実を徹底的に明らかにすることで、被害者やその家族の感情を十分に尊重するとともに、事前の抑止効果につなげる必要があります。そしてまさに、「事後に真実を徹底的に明らかにする」ためにこそ、「健全な監視社会」が必要なのです。最もわかりやすい例が監視カメラですが、とにかく犯罪を裏づける証拠がなければ、真実を明らかにすることなどできるはずがありません。

長島　しかし問題は、「監視社会」というものが、いわゆる「人権派」の人々によって頭ごなしに否定されてしまう傾向にあるということです。要するに、「プライバシーを尊重すべきだ」や「国家権力による監視を許せば自由はなくなる」などという主張です。ただここで冷静に考えなければならないのは、「人権＝監視されないこと」という整理がそもそも正しいのかということです。

繰り返しになりますが、「健全な監視社会」に基づいて事実を徹底的に明らかにしなければ、被害者やその家族の感情を尊重することも、事前の抑止効果を得ることもできません。

つまり、被害者やその家族の感情を尊重することや、社会全体として被害を最小化することも、「人権」の定義に含めるべきでしょう。そしてその人権を尊重するためにこそ、「健全な監視社会」を構築しなければならないのであって、それは国民の自由を奪うだけの「不健全な監視社会」とは全く異なるということです。

——では「健全な監視社会」を構築するためには、何が必要なのでしょうか?

鳩山　それは「個人情報の漏洩・悪用の徹底的な防止」・「全ての取調べの可視化」・「取調べにおける弁護士立会いの完全合法化」の三つです。

まず「個人情報の漏洩・悪用の徹底的な防止」についてですが、そもそもプライバシーの問題は、個人情報が漏洩・悪用されることで生じるものです。たとえば監視カメラによって国民の行動が映像として記録されるとして、その映像情報が漏洩・悪用されない限り、それが事件や事故の真相を明らかにするために使われることに何も問題はありません。では個人情報の漏洩・悪用を徹底的に防止するためには何が必要かというと、それは国家全体の情報保護の仕組みの「質」を高める以外に道はないのであり、結論としては「情報省」というものを新設すべきです。これについては後ほどお話ししたいと思います。

そして残りの二つは、いずれも警察や検察による取調べに関する問題です。今の日本では取調べが可視化されているのは全体の３％程度に過ぎないと言われていますから、ほとんどが「密室」で行われていることになります。それから、取調べにおける弁護士の立会いは容認されないこともある。これでは、いわゆる「自白の強要」が行われていても全く不思議ではありません。それが結果的に冤罪につながってしまうことは決して許されない。それを防ぐためには、全ての取調べを可視化するとともに、取調べにおける弁護士立会いを完全合法化すべきなのです。

——わかりました。では先進諸国と同水準の「スパイ防止法」を作るというポイントもお願いします。

長島　日本には諸外国にあるような「スパイ防止法」がないため、外国にとっては「スパイ天国」だとも揶揄されていますよね。要するに外国の諜報活動が野放しになってしまっているリスクがあり、その結果、国民や国家全体が損失を被っている可能性がある。この状況を放置するのはどう考えてもおかしいのであり、国民や国家の不利益につながるスパイ活動を、「特定秘密保護法」などを通じた間接的なアプローチではなく、直接的に取り締まって、厳しく処罰しなければなりません。

しかしこのスパイ防止法に対しても、「人権派」の人々からは「監視社会になってしまうからダメだ」という強い反対意見があると推察されます。ただ繰り返しになりますが、私たち国民に必要なのは「健全な監視社会」なのです。その点、安倍政権は「特定秘密保護法」や「テロ等準備罪」を作った際に、「これは監視社会を作るということではない」と弁明していましたが、それは非常におかしい。国民や国家のために「特定秘密」を守る、あるいはテロ行為などを未然に防ぐためには、どう考えても「政府による監視」が必要です。逆に言えば、これまでの日本政府は、どう考えても監視が必要なのに、「監視社会を作るわけではない」などという非論理的な弁明を行ってきたからこそ、国民からの信頼を得ることができなかったのでしょう。

日本先進会はそういう国民を馬鹿にするような説明は絶対にしません。国民や国家をきちんと守るためには、「健全な監視社会」が必要なのです。

3　子どもの安全確保

——では次に、「子どもの安全確保」について聞かせてください。

鳩山　子どもの安全確保にかかわる日本先進会の政策はこちらです。

◎子どもを虐待・貧困・いじめから徹底的に救い出すために、行政人材の規模と質を抜本的に強化する

まず、「子どもの安全確保」を独立したテーマとして考えなければならない理由は、子どもには「自己責任の原則」を一切適用すべきではないからです。子どもには自分の家庭や学校などの環境を選ぶ力はありません。だからこそ、政府は子どもを徹底的に守らなければならないのです。

では今の日本で、政府や社会が子どもを全力で守ることができているのかというと、残念ながらそうではないと思います。少し精神論のような話になってしまいますが、政治家を含めて、私たち国民も、たとえばメディアの報道で悲惨な虐待やいじめなどの事件を知った時には「絶対に許せない！」と憤るものの、心のどこかでは「虐待・貧困・いじめは、さすがにゼロにはできないよね」と思ってしまっていることも多いのではないでしょうか。率直に言って、そのような考え方では子どもを全力で守ることはできない。日本先進会も、これま

で子どもたちを助けてこられなかったという自戒の念も込めて、まずは精神論から徹底的に考え直さなければならないと思っています。

長島　たとえば今の日本では、一部の政治家や有識者などが、「子どもを守るためには政治や行政だけでなく、NPOやNGOなどの民間団体の協力が不可欠だ」などと主張していますよね。しかしこれは、何となく正論のように聞こえるものの、冷静に考えてみると、実は全く正論ではありません。子どもの安全を守ることが正義ならば、そのために十分な財政支出と人材配置を行うのが政府の役割のはずでしょう。それなのに政治家が「民間団体の協力が不可欠だ」などと主張するのは責任逃れ以外の何物でもありません。

当然ながら、NPOやNGOなどの民間団体の方々は日々子どもたちのために必死で頑張ってくださっているわけですが、そのような方々も、政府が十分な財政支出や人材を投入することが前提であれば、喜んで行政の枠組みの中で働いてくださるはずです。これまでの政府がそれをやってこなかったということは、すなわち、子どもを全力で守ろうとする意識が低かったということなのです。これは決して許されることではありません。

鳩山　そして子どもの安全について考える上では、たとえばメディアの報道や、政府の統計に表れるデータはあくまで「氷山の一角」に過ぎない可能性が高いということを肝に銘じな

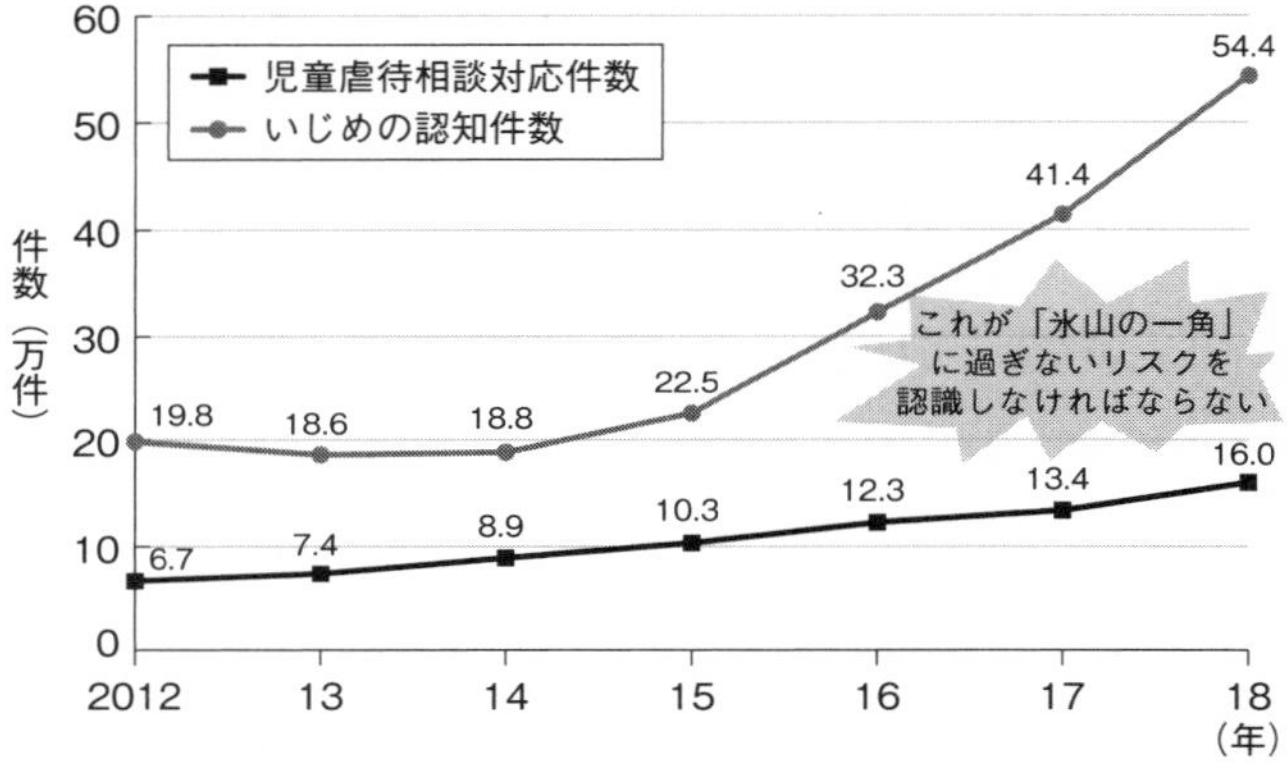

図12　児童虐待相談対応件数といじめの認知件数※の推移

厚生労働省の「平成30年度児童相談所での児童虐待相談対応件数」および文部科学省の「平成30年度 児童生徒の問題行動・不登校等生徒指導上の諸課題に関する調査結果」を基に日本先進会が加工・作成
※「いじめの認知件数」は、小・中・高等学校及び特別支援学校の合計値

ければなりません。政府によれば、２０１８年度の児童虐待相談件数は約16万件であるとともに、いじめの認知件数は50万件を超えている。また今の日本では、「子どもの７人に１人」が貧困に苦しんでいるとされている。ただ実際には、これらの数をはるかに上回る子どもたちが苦しんでいる可能性も十分にあるということです。

――なるほど。では具体的にはどのように、行政人材の規模と質を抜本的に強化するのでしょうか？

長島　まず大前提として、子どもの安全確保には制度的な妙案などあり得ず、一つ一つの事案と丁寧に向き合っていくという方法しかありません。そしてそのためには、行政人材の質と規模を抜本的に強化するしかありません。

それをきちんと踏まえた上で、まず「規模」についてですが、今の日本では政治の怠慢が原因で、たとえば児童相談所の人手不足であり、1人の児童福祉司が数十件という数の事案に対応しなければならないという無茶な状況が放置されていますから、とにかく人員の拡大は急務です。そのためには、これまでお話ししてきたような「行政全般の合理化」や「金銭解雇制度」によって、行政でも民間企業でも、「そもそもムダな仕事にムダな人数と時間をかける」という状況を徹底的になくしていくことができれば、かなりの人材を確保することができるはずです。

もちろん、既存のNPOやNGOなどの民間団体の方々にも、行政の枠組みの中で活躍していただく。そして報酬については、子どもの安全確保という極めて重要で難しい仕事をしていただくわけですから、能力やリーダーシップに応じたボーナスも含めて、社会全体の平均年収の1~2倍程度は支払うべきだと思います。

鳩山　「質」の強化については、より深い議論が必要になります。まず大前提として、子どもを虐待や貧困から救うためには「家庭への介入」が必要ですし、いじめから救うためには「子どものコミュニティへの介入」が必要になる。特に「家庭への介入」は保護者の権利が問題になるため、非常に難しい。要するに、「子どもの安全」と「保護者の権利」がトレードオフの関係になってしまうということです。

もちろん子どもの安全確保が最も重要である以上、そのトレードオフにおいては「子どもの安全確保」を最優先にすべきです。しかし、それを機械的に最優先にするだけでは、いつの間にか「家庭への介入」が過剰になってしまうリスクもある。その微妙な判断を全体的な方針としても、個別対応としても適切に行うためには、行政人材の「規模」だけでなく「質」を向上する必要があるということになります。そしてそのためには、やはり新卒か中途かにかかわらず、実務的な研修を含めて、きちんとしたトレーニングを積める環境を整備するしかありません。

長島　いじめの問題を一つ一つ丁寧に解決するためには、学校でスクールカウンセラーの質と規模を拡大する必要もあるでしょう。たとえば子どもたちから悩みを聞くだけでなく、「子どものコミュニティへの介入」をより積極的に行うカウンセラーを増やす。そのために資格や研修を充実化する必要もあります。

それから、子どもを虐待や貧困から救うためには、子どもが保護者から離れて安全に暮らすための児童養護施設も充実化する必要があります。ただ、たとえば保護者が自分の意に反して虐待やネグレクトを行ってしまう精神状態である場合には、保護者もカウンセリングなどの治療を受けながら、子どもと一緒に生活できるような施設を作ることも一案だと思います。

4　情報・システムの保護

――では次に、「情報・システムの保護」について聞かせてください。

鳩山　情報・システムの保護にかかわる日本先進会の政策はこちらです。

◎国家全体の情報・システムの保護を一元的に管轄するために「情報省」を新設する
- 技術スタッフには能力に見合った十分な報酬を支払い
- 情報省の腐敗・暴走を徹底防止するために「情報省特別監視委員会」も設置

「情報省」というのは要するに、サイバーセキュリティも含めた、国家全体の情報・システムの保護における、いわば「総司令部」として機能すべき新しい機関です。個々の情報が帰属するのはもちろん個人や法人であり、民間企業や既存の行政機関がその情報を管理・保護する一次責任を負っているわけですが、情報省はその民間企業や行政機関を一元的に管轄するということですね。それによって、国家全体として情報・システムの保護をより効率的に行えるとともに、社会全体の発展や生産性向上に資する「情報の有効活用」も拡大できるのです。

長島　より具体的に言えば、情報省が管理・保護する対象になる情報とは、たとえば以下のようなものです。

- 医療機関・介護施設・厚生労働省：個人の病歴、治療歴、ＤＮＡ情報など
- 民間金融機関・取引所・金融庁・国税庁：各種決済、資産、納税の情報など
- 地方自治体・警察・総務省：防犯カメラの映像、取調べの記録、通信記録など
- 地方自治体・国土交通省：土地・建物・交通インフラの維持管理の状況など
- 学校・大学・文部科学省：授業の映像、子どもたちの学力、大学の研究データなど
- 防衛省・自衛隊：国防上の機密情報など

たとえば今の医療システムでは、医療機関ごとに電子カルテのシステムが違うことが原因

で、日本全体として診療データがスムーズに共有されておらず、その分、病気のメカニズムの解明や、創薬を含めた新しい治療法の確立が効率的にできていない可能性は十分にあります。それからシステムが完全に統一されたキャッシュレス化が実現していないことによって、各種の決済・資産・納税などが可視化できていないことが、消費者や納税者の不利益につながっていることは先ほどお話ししました。また、たとえば防犯カメラの映像や取調べの記録、通信記録などについては、やはりシステムを統一しなければ、「犯罪の取締まりの強化」・「冤罪の防止」・「プライバシーの尊重」という三つの要素を同時に最適化することはできません。そして、たとえば土地・建物・交通インフラの維持管理の状況なども、統一されたシステムによって現状を把握することができなければ、災害大国である日本において、被害を最小化することはできない。

とにかく、ここで挙げている例に限らず、あらゆるテーマにおいて、個人や法人の情報を徹底的に守ることを前提に、「いかに質の高い情報を効率的に集めて、分析して、貴重な知見を得ることができるか」が、国民生活の向上や社会経済の発展のカギを握っているわけです。

鳩山　そしてもちろん、情報省がしっかり機能するかどうかは、一人一人の技術スタッフの能力に依存する部分が大きいため、能力に見合った十分な報酬を支払う必要があるでしょう。年収が1億円を超えるようなケースもあり得ますし、特に同盟国などの外国から優秀な人材を招聘する必要がある場合には、たとえば国家機密を厳格に守るために、日本に長期滞在することを条件にして、非常に高い報酬を支払うケースもあり得ます。

――なるほど。しかし多くの国民は、直接的かどうかにかかわらず、やはり政府が自分たちの情報を管理することに抵抗があるのではないでしょうか？

鳩山　まず、「政府が国民の情報を管理することは不健全だ」という固定観念からは脱却する必要があります。政府は国民の情報を適切に守ることができなければ、公正で安全な社会を作ることはできません。

それを踏まえた上で、現代社会にはあまりにも多くの情報が溢れているわけですが、個人や法人の情報にかかわる問題は「漏洩や悪用」です。つまり本来、たとえば「情報は政府ではなく民間が管理していれば安心だ」という理屈は成立しない。言い換えれば、個人や法人の情報の管理・保護が、民間企業や地方自治体を含めた各行政機関に丸投げされてしまっていいはずがないのです。

そうではなくて、むしろ国民の安全を守る責任がある政府こそが、情報が漏洩・悪用されないように管理・保護する義務を負っているはずだということなのです。

長島　たとえば社会で生きていくにあたって、私たちは警察を信用できなくなったら終わりですよね。つまり国民は、「警察なんて信じられない」と嘆くのではなく、自分たち自身が、警察が信用できる組織になるように、民主政治を通じて厳しく監視していかなければなりません。

情報省もそれと全く同じです。私たち国民は、日本は民主主義の国であるということを肝に銘じて、情報省がきちんと国民のために機能しているかを監視するのは自分たちの役割だということを忘れてはならないのです。ただその上で、政府としても情報省の腐敗・暴走を徹底防止する必要があります。

――そのために、「情報省特別監視委員会」というものを設置するということですね？

鳩山　その通りです。「情報省特別監視委員会」は、情報省にかかわる全ての人間、大臣を含めた政治家や、技術スタッフを含めた官僚を徹底的に監視する役割を担います。

より具体的には、情報が漏洩・悪用されていないかをチェックするために、抜き打ち検査や具体的事案に関する捜査権限とともに、必要に応じて裁判所に判断を求めるための起訴権限も与えることにする。そして情報省特別監視委員会のメンバーは、数十名程度の民間弁護士にして、たとえば最高裁判所が指名する形にすればいいでしょう。ただもちろん、そもそも情報の漏洩・悪用を行った政治家や官僚には厳罰を科すべきですし、情報省のガバナンスにおいても、後でお話しする「公益通報制度」を十分に活用すべきでしょう。

5　災害避難

――では次に、「災害避難」について聞かせてください。

鳩山　災害避難にかかわる日本先進会の政策はこちらです。

◎災害時の避難環境を抜本的に改善する

日本は言うまでもなく、災害大国ですよね。そしてもちろん、災害は全ての国民にとってのリスクですから、政府がきちんと対策を講じる必要があります。災害対策として事前にできることは主に二つあり、「防災インフラ投資」と「低リスク地域への移住推進」です。このうち、「防災インフラ投資」については、十分な財政支出を前提に、適切な優先順位の下で進めていくしかありません。また、「低リスク地域への移住推進」については、移住者に対して補助金を支給することは検討に値しますが、全体として過剰な予算になってしまうとともに、補助金によって地価が歪むだけで終わってしまう可能性も高いため、あまり現実的ではありません。つまり「低リスク地域への移住推進」は、土地や建物の売買において災害リスクを明示するルールの厳格化を通じて、徐々に誘導していくしかありません。

では、その他に災害対策として事前にできることは何かというと、それが「災害時の避難環境を抜本的に改善する」ということなのです。

長島　今の日本では、学校の体育館などのプライバシーがない空間での避難生活が当たり前になっており、安心して暮らせる環境になっていません。この環境が好ましくないからこそ、自家用車の中に避難をする方もいらっしゃるようですが、その場合はプライバシーを守ることはできる一方で、やはり狭い空間内で生活をしなければならず、エコノミークラス症候群になってしまうリスクなども指摘されている。そして避難生活で心身ともに苦しんだ結果として、「災害関連死」も増えてしまう。これは、政府が被災者に対して、「みんな大変だから一人一人が我慢しなければならない」という意識を押しつけているようなものであり、

避難所のテント

行政によって備蓄されている
コンテナトイレとコンテナシャワー

ボランティア団体の
キッチントラック

キッチンコンテナ

避難所の食事

図13　イタリアにおける避難環境の様子

写真提供：榛沢和彦特任教授（新潟大学大学院先進血管病・塞栓症治療・予防講座）

明らかに許されません。

災害時の避難環境を抜本的に改善するためには、たとえばイタリアのような他の先進国の事例を参考にすればいいでしょう。イタリアでは体育館ではなくグラウンドに、清潔なトイレ・シャワー・テント・ベッドなどの他、キッチンカーや食堂なども設置されるそうです。そして長期の避難が想定されるときには近隣のホテルを利用できるようにして、食料の供給も保障する。こういった避難環境を、様々な備蓄も含めて平時から整える。避難者の尊厳を守るためにも、きちんとした計画を立てた上で、十分な財政支出を行うべきなのです。

6 国土管理

——では次に、「国土管理」について聞かせてください。

鳩山 国土管理にかかわる日本先進会の政策はこちらです。

◎日本の国土の所有者を包括的に整理する
- 登記を完全義務化
- 所有者不明の土地は政府が取得
- 外国人による土地の取得・所有は個別に規制

国土交通省が実施した地籍調査に基づくと、今の日本では民間が所有している土地のうち、約2割が所有者不明とされています。これは九州の面積に匹敵し、非常に大きな問題と言えます。この根本的な原因は、土地の登記が完全に義務化されているわけではないということです。これは冷静に考えれば非常におかしい。国土は国民や国家にとって貴重な財産であり、それを全体的に政府がきちんと把握できていなければ、知らない間に国民と国家に不利益が生じても対処できるはずがありません。つまり、土地の登記を完全に義務化しなければならないのは当然です。

その上で、所有者が判明している土地については全て個人・法人のマイナンバーと紐づけすべきですし、所有者不明地については政府が取得して、適宜有効活用の道を探ればいい。

今の日本では既に土地の所有者を特定するための作業が進められていますが、これはできるだけ早く、効率的に進めるしかありません。なお社会経済政策のところでお話ししたように、日本先進会は「居住していない土地」に対して一律に課税する「資産税」というものを新設すべきと考えていますから、土地の所有者の洗い出しは、資産税を公平に徴収するためにも必要です。

長島　それから国土管理というテーマにおいては、国民や国家の安全を守るために、外国人による土地の取得・所有に対して、個別に規制をすることも重要でしょう。今の日本では、外国人であっても自由に土地を購入することができるというのが原則です。そのため外国人が、たとえば国防関連施設や発電所、水源地などの周辺の土地を取得することができるわけです。人口減少で価値の下がり続けている土地の所有者であれば、相手が誰であろうと、買ってくれる人がいれば喜んで売ってしまう可能性がある。もちろん観光事業の再生など、外国資本の流入が日本の利益になるケースも確実にあるため、全てを規制すべきではありませんが、安全保障上、大いに問題になるような土地を外国人が取得・所有することについては一定の個別規制が必要でしょう。自民党政権は外国人による土地取得を「監視」することを検討しているようですが、やはり「内なる侵略」を防ぐためには、一定の「規制」が必要なのです。場合によっては、国全体や地域単位で総量規制を検討する必要もあるでしょう。
なお、今の日本はＷＴＯ（世界貿易機関）のＧＡＴＳ（サービスの貿易に関する一般協定）で、外国人の土地取引を日本国民と同じように取り扱うという原則になっていますが、安全保障上の観点による例外措置はＷＴＯも認めているわけですから、同盟国であるアメリカなどとも足並みを揃える形で、毅然とした態度で国際社会と交渉・対話を行えばいいのです。

7　消費者保護

――では次に、「消費者保護」について聞かせてください。

鳩山　消費者保護にかかわる日本先進会の政策はこちらです。

◎「公益通報制度」を抜本的に強化する

これは先ほど社会経済政策のところでお話しした、「消費者利益を守るためにムダな業界規制を撤廃する」という政策とセットで必要なものです。

そもそも業界規制というものは、建前上は「消費者の健康や安全を守るため」ということになっています。消費者の健康や安全を守るという名目で、生産者に様々なルールを課すということですね。しかし繰り返しになりますが、その実態は「消費者の健康や安全を守る」という目的から乖離している部分も大きく、むしろ一部の生産者の既得権益だけが守られることで社会全体の生産性が停滞して、消費者がより質の高いモノやサービスをより安く手に入れることができない原因になってしまっている。だからこそムダな業界規制は廃止すべきということをお話ししました。

ただそれでも、政府が消費者の健康や安全を最大限守る必要があるのは確かですから、そのためには新しい政策が必要です。それが、「公益通報制度」を抜本的に強化するということなのです。

長島　これは要するに、政府が「正義のための内部告発」を支援するということです。今の日本には「公益通報者保護制度」というものがありますが、これは制度として脆弱と言わざるを得ません。その理由は単純で、公益通報者は「保護」するだけではなく、社会経済全体の利益に資する行動を取ってくれたという意味で「金銭的な補償」をしなければならないはずなのに、それが欠けてしまっているからです。日本の多くの会社は「ムラ化」してしまっているわけですが、その結果、「正義のための内部告発」をした従業員は「裏切り者」として酷い扱いを受けてしまうケースも多い。これは許されないことです。

会社が何らかの不正によって消費者の健康や安全に悪影響を及ぼすようなことをしているのであれば、それはその会社が「消費者を裏切っている」ということなのであり、消費者、ひいては社会全体の利益のために不正を告発した従業員が「会社を裏切った」として糾弾されてしまうのは、どう考えても不正義でしょう。悪いものは悪いのであり、政府は「正義のための内部告発」をしてくれた人に公正な補償を行うべきなのです。

鳩山　たとえばアメリカなどの国では、会社の不正を内部告発した従業員に対して、数億円、場合によっては十数億円という規模の補償金が支払われることもあります。さすがにそれは過剰であるとしても、基本的には「告発がもたらす社会全体の利益」の規模に応じて、たとえば会社が支払う罰金や課徴金などを原資にして、政府が内部告発者に一定の補償金を支払うことは公正であり、合理的な手段だと言えるでしょう。一部の「人権派」の人々は、「日本人に内部告発は文化的になじまない」という趣旨の主張をしていますが、それはむしろ日本国民に対する差別的な発言だと思います。社会全体の利益のために行動してくれた方には政府がきちんと報いる。これは普遍的に重要なことです。とにかく、消費者の健康や安全を徹底的に守るためには、公益通報制度を抜本的に強化する必要があるのです。

第3章　統治機構改革

1　立法府・行政府

――では続いて、「三つの大政策領域」の三つ目、統治機構改革です。まず「立法府・行政府」についてお願いします。

鳩山　立法府・行政府にかかわる日本先進会の政策はこちらです。

◎参議院は廃止する
◎立法府の特別機関として「国家監査院」を新設する

- 財政に対する監査：財政支出の厳格な評価
- 行政に対する監査：捜査権限・起訴権限・法案提出権限を付与
- 立法に対する監査：初期的な違憲審査の実施

◎立法府においては「後法優先の原則」を全面的に採用する

――これもやはり大胆な提案ですね。ではまず、「参議院の廃止」というポイントについてお願いします。

鳩山　「参議院の廃止」は、これまでたくさんの「改革」を掲げる政治家や政党が主張してきましたが、実現することはできませんでした。その主な理由は、参議院議員の議席や報酬が政治家や政党の「既得権益」になってしまっているということです。参議院を廃止しないでそのままにしておけば、政治家や政党には多額のお金が入ってくるし、新しい政党が国会を牛耳ることになるリスクも低く抑えることができる。つまり既存の政治家や政党が、国民ではなく、自分たちのことを最優先にして考え続ける限り、参議院を廃止することはできないわけですね。

では「国民ファースト」で考えればどうなのかというと、参議院は廃止すべきなのです。

その理由は、参議院は存在意義があまりなく、税金のムダづかいの最たる例とも言えるからです。

長島　まず衆議院で多数派を占める政党が、参議院でも多数派を占めている場合は、参議院は「衆議院のカーボンコピー」と揶揄されることもあるように、何ら意味のある価値を生み出していないため、不要だということになります。そして、衆議院で多数派を占める政権政党が、参議院では多数派を占めることができていない、いわゆる「ねじれ国会」の状態の場合は、政権政党が衆議院で2／3以上の議席をもっていない限り、法案を確実に成立させることができないという意味で、民主政治が停滞してしまう。つまりどちらにしても、参議院は不要だという結論になってしまうわけです。

ちなみに、参議院は「良識の府」であり、国民の世論や国会が暴走するのを防ぐ役割を負っているという主張もあると思いますが、それは間違っています。仮に世論や国会が暴走して、たとえばある政党が「日本は他国に侵略戦争を仕掛けるべきだ」と主張して、衆議院の総選挙に大勝利してしまったとしましょう。そんなとんでもない事態では、参議院が「良識の府」として世論や国会の暴走を止められるはずがない。なぜなら、そもそも侵略戦争を仕掛けようとしている世論や政治家が、「参議院の意見をきちんと聞こう」というほど、冷静かつ賢明な状態であるはずがないからです。

――では参議院を廃止する代わりに、「国家監査院」というものを新設するということなのでしょうか？

鳩山　参議院を廃止することで、税金のムダづかいをやめて、日本の民主主義が機能不全に陥るのを防ぐということは非常に重要ですが、それは国家監査院とは基本的に関係はありません。

国家監査院は「立法府の特別機関」として新設すべきものであり、それ自体に価値があります。ではなぜ国家監査院が必要なのかというと、それは日本では「三権分立」がきちんと機能しているとは言えないからです。そして三権分立がきちんと機能しているとは言えない理由は、「立法府と行政府がほぼ一体になっているから」です。

――立法府と行政府がほぼ一体になっているとは、どういうことでしょうか？

鳩山　日本は「議院内閣制」という制度になっていて、要するに国民によって選ばれた国会議員が、行政府を指揮・監督する内閣の長である内閣総理大臣を指名するわけです。つまり政権政党のトップは、立法府である国会を実質的に支配しているとともに、もちろん総理大臣として行政府を支配することもできる。これはすなわち、立法府と行政府がほぼ一体になっているということに他なりません。

長島　そして立法府と行政府がほぼ一体になっているからこそ、たとえば安倍政権では、総理大臣の部下である官僚が公文書の改ざんなど、国民の利益に反する行動を取っていた中で、同じく総理大臣の部下が多数派を占める国会で証人喚問などを行っても、真実は全く明らかにならないという茶番劇が発生してきたわけですね。そして総理大臣は、国民目線ではなく、自分の政党にとって都合の良いタイミングで衆議院を解散すれば、次の選挙にも勝ちやすい。これが現実なのであり、要するに今の日本では、立法府と行政府はお互いに監視し合っているわけではなく、それが政治の劣化にもつながっているということです。

では今の議院内閣制は維持しつつ、立法府と行政府がほぼ一体になっていることによる弊害を防ぐためには何が必要なのかと言えば、それが立法府と行政府を厳しく監視するための「国家監査院」なのです。

――より具体的には、国家監査院はどのような機能をもつのでしょうか？

鳩山　国家監査院は立法府の特別機関として、「財政・行政・立法」の監査を行うものです。まず財政・行政の監査においては、民間企業にたとえるなら、衆議院を「取締役」とすれば、国家監査院は「監査役や社外取締役」のようなイメージです。つまり民間企業におい

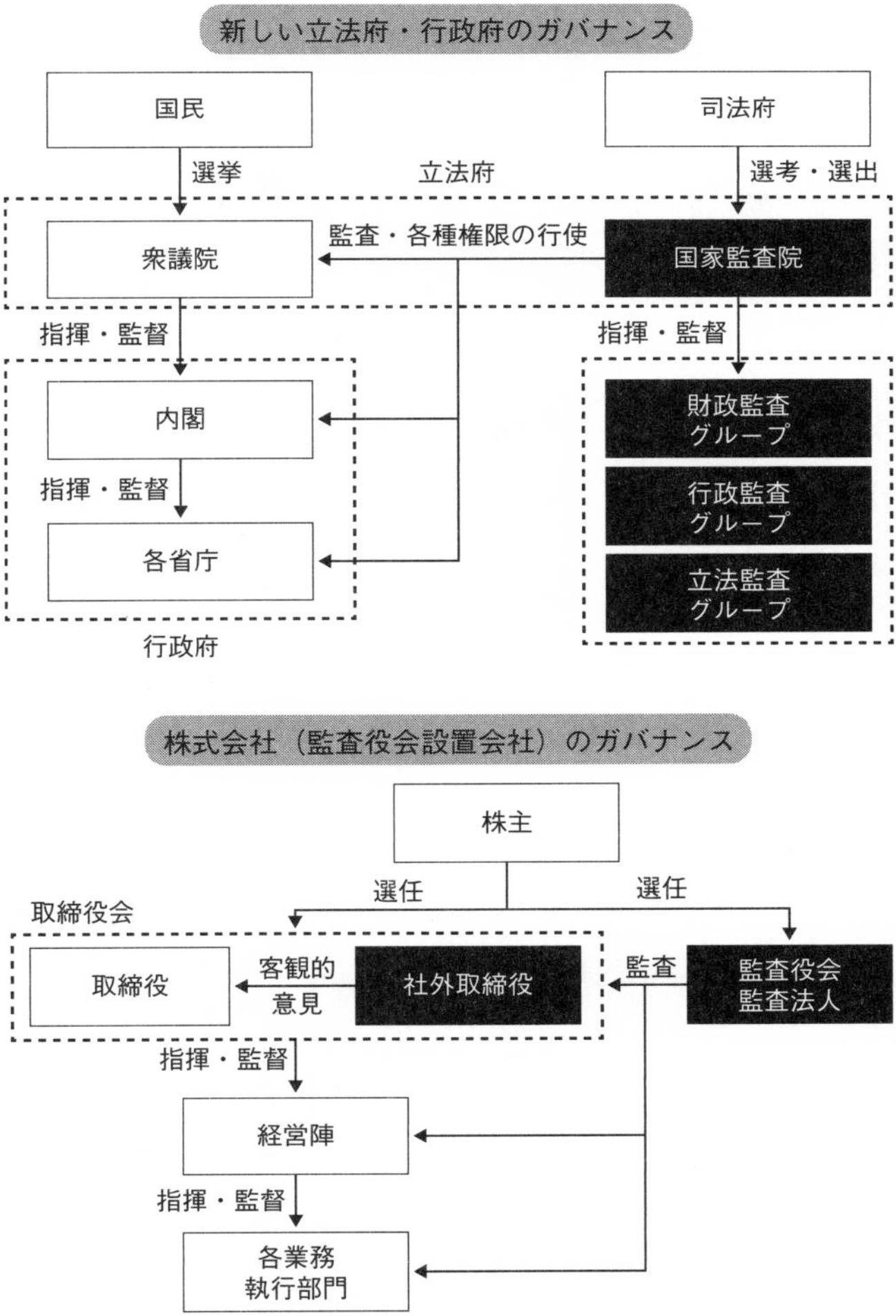

図14　国家監査院のイメージ（株式会社とのアナロジー）

て、「監査役や社外取締役」が「取締役」を監視して、何か問題がある場合には株主に対して説明を行うように、国家監査院は立法と行政の最終責任を負う衆議院を監視して、何か問題がある場合には国民に対して説明を行うということです。

それを踏まえた上で、特に財政については、「全ての財政支出が国民の利益につながっているか」を厳しく監視する。各財政支出に目標を設定して、その達成度合いを確認するためにできるだけ多くのデータを収集し、それに基づいて評価を行う。そしてムダな財政支出があれば国民やメディアに向けて報告し、徹底的に排除されるように促していく。社会経済政策のところで、日本の財政は危機的な状況ではなく、格差是正と経済成長のためには「国債に基づく財政支出の拡大」を実行すべきということ、しかしだからと言って、財政支出をどんどん拡大すればいいという話にはならず、ムダな財政支出は排除すべきであり、そのために行政・規制改革特命大臣に民間人材を起用して「成果に応じた報酬」を支払うべきということをお話ししてきました。ただ、ムダな財政支出を排除する手段は複数あるべきで、この国家監査院による財政監査もその一つなのです。

長島　国家監査院が財政監査を行うためには、膨大な情報を収集・分析する必要がありますから、十分な人材が必要になるでしょう。結論としては、今の会計検査院は残念ながら権限が不足していることが原因で、国民目線では働きぶりがなかなか見えにくいという問題があるため、廃止することにして、その人材には国家監査院で大いに活躍していただくべきだと思います。その上で、国家監査院には一定の「捜査権限」や「起訴権限」を与えることによって、より意義のある機能を果たせるようにすべきでしょう。ちなみに、国家監査院に起訴権限を与えることで、「検察による起訴権限の独占」という問題も緩和することができます。そもそも起訴権限という大きな権力が、内閣の下に位置している検察によって独占されているのは望ましくないため、国家監査院が財政や行政という領域に限って起訴権限をもつということは、国民の利益になるということです。

また、国家監査院が財政や行政に関してより具体的な提案を行えるように、衆議院に対して新しい法律を作ることを促すための「法案提出権限」も与えるべきでしょう。もちろん、その法案が実際に採用されるかどうかは衆議院の判断次第ですが、国民はその結果も十分に踏まえて、次の国政選挙で民意を示すことができるわけです。

――なるほど。では立法の監査はどのようになるのでしょうか？

鳩山　立法の監査とは、簡単に言えば、国家監査院が「初期的な違憲審査」を行うということです。繰り返しになりますが、今の日本では立法府と行政府がほぼ一体になっているため、三権分立がきちんと成立しているとは言えません。それを補完するためには司法府を強化する必要がありますが、後でお話しするように、その一つの手段としては「憲法裁判所」の新設が挙げられます。要するに、立法府が作った法律がきちんと憲法に則っているかどうかについて、憲法裁判所が積極的に審査するということです。たとえば、安倍政権が「平和安全法制」を作った時には非常に大きな国民的な議論が巻き起こりましたが、そのようなケースにおいては、司法府がきちんと違憲審査を行うことが望ましい。

ただ、全ての法律に対して違憲審査を行うことは建設的でも現実的でもありません。だからこそ、国家監査院が初期的な違憲審査を行い、違憲の疑いが強いと判断された場合に限って、憲法裁判所が違憲審査を行うということにすべきなのです。

――わかりました。では国家監査院を構成する議員はどのように選ぶのでしょうか?

長島　これは全体として丁寧に検討すべきですが、たとえば国家監査院の議員総数は合計120名として、「10年以上の実務経験のある法曹人材」・「10年以上の実務経験のある官僚」・「10年以上の実務経験のある民間企業出身者」からそれぞれ40名ずつ、司法府が立候補者の中から選考・選出すればいいでしょう。国家監査院の重責を担うための能力をもっているかを厳格に見極めるためには、書類審査、選択式の試験、論述試験、面接試験などを総合的に課す必要があります。そしてもちろん、国家監査院には議員だけでなく、今の会計検査院の人材も含めた優秀なスタッフが所属することになります。

鳩山　国家監査院の議員の任期はたとえば8年にして、4年ごとに半数を改選すればいいでしょう。そしてもちろん、国家監査院が立法府や行政府と癒着してしまっては元も子もないので、悪質な癒着には厳罰を科すとともに、国家監査院の議員にはたとえば5年程度、国政選挙に立候補することや、行政で一定以上の役職に就くことを禁止する。ただそのような高いハードルを設ける以上、本当に優秀な人材に国家監査院の議員になってもらうためには、相応に高い報酬を支払う必要もあるでしょう。

――では最後の、立法府においては「後法優先の原則」を全面的に採用するというのは、どういうことでしょうか？

長島　これは簡単に言えば、日本の政治がスピード感をもって改革を進めるために必要なことです。

今の日本では内閣立法において、行政府に属する「内閣法制局」が、「新しい法案と既存の法律の整合性」を厳しくチェックするという役割を果たしてきました。そしてこれによって、新しい法案が法律として成立するのが遅くなり、改革がなかなか進まないという状況がたくさん起きてきたわけです。「後法優先の原則」、つまり新しい法律は古い法律よりも優先するという原則を全面的に採用すれば、「新しい法案と既存の法律の整合性」を厳しくチェックする必要性はなくなり、国民の代表者である国会議員がより機動的に新しいルールや制度を作ることができるようになります。

なお、内閣法制局は「新しい法案と憲法の整合性」を厳しくチェックするという役割も果たしています。たとえば安倍政権が「平和安全法制」を作った時も、内閣法制局が憲法解釈を変えたということが一つの大きな論点となり、国会では内閣法制局長官も答弁をしていたわけです。ただ本来、これはおかしいのであって、国民が選んだ国会議員による立法プロセスに対して、行政府の一機関に過ぎない内閣法制局が大きな影響を与えるべきではないのです。

2　司法府

――では次に、「司法府」について聞かせてください。

鳩山　司法府にかかわる日本先進会の政策はこちらです。

◎「憲法裁判所」を新設する
◎裁判官の任官の条件として、「民間における10年以上の実務経験」を追加する

――ではまず、「憲法裁判所」というポイントについてお願いします。

鳩山　先ほどもお話ししましたが、今の日本では立法府と行政府がほぼ一体になっているため、国家権力の暴走や腐敗を防止するためには一定の工夫が必要です。その一つが先ほどお話しした「国家監査院」であり、もう一つが司法府の権限を強化するための「憲法裁判所」なのです。

憲法裁判所は、その名の通り、法律にかかわる違憲審査を行うための専門機関です。ただ、ありとあらゆる法律の違憲審査を行うのは現実的ではありませんから、国家監査院が初期的な違憲審査を行って、違憲の疑いが強いと判断された法律だけ、憲法裁判所が審査するというプロセスが適切だと考えています。

長島　もちろん、今の司法府にも違憲立法審査権はあります。しかしそれは「付随的違憲審

査制」といって、要するに、裁判所に具体的な訴訟案件が持ち込まれない限り、違憲審査は行われません。たとえば、安倍政権が作った「平和安全法制」が違憲だと主張していた人々は、わざわざ「その法律が原因で平和に生きる権利が奪われた」などという訴訟を起こさなければ、司法府に違憲審査をさせることはできなかったということです。

それに対して、憲法裁判所はたとえ具体的な訴訟案件がなくても、違憲の疑いが強い法律については違憲審査を行うことができる。これは「抽象的違憲審査制」と呼ばれます。抽象的違憲審査制は、付随的違憲審査制と比較して、司法府がより主体的かつ積極的に違憲審査を行うという意味で、司法府の権限の強化につながると言えるわけです。

――わかりました。では次に、裁判官の任官の条件として、「民間における10年以上の実務経験」を追加するのはなぜでしょうか?

鳩山　これは、国家権力の一角としての司法府が、一般常識から乖離した判断を行うのを防ぐためです。今は学生が司法試験に合格した後、司法修習を経てすぐに裁判官になるという道があるわけですが、それでは「社会経験の欠けている裁判官が国家権力を行使して、社会における様々な問題や紛争について判決を下す」という危うい状況になってしまいます。

それを回避するためには、民間弁護士としての経験や、民間企業における経験を積んだ人材だけが裁判官になれるようにすべきなのです。今の日本では「弁護士が余る時代に突入する」と言われているように法曹人材は十分にいるわけですから、裁判官の任官に新たな条件を加えることによって、司法府の質を向上させるべきと言えるでしょう。ただもちろん、これは三権分立を最適化するための手段の一つですから、政治の独断ではなく、きちんと司法府と議論しながら進めるべきだと思います。

3　国民の自由

——では次に、「国民の自由」について聞かせてください。

鳩山　国民の自由にかかわる日本先進会の政策はこちらです。

◎無意味に国民の自由を奪っている全てのルールを廃止する

これは「統治機構の枠組み」というよりも、「国家権力がいかに国民の自由を尊重するか」の問題であり、幅広いテーマで、できるだけ多くの方の意見を丁寧に伺っていく必要があります。

これはあくまで例に過ぎませんが、日本先進会は同性婚を認めるべきだし、「選択的夫婦別姓」についても、「選択的夫婦新姓」も含めて認めるべきだと考えています。その理由は、同性婚や、選択的夫婦別姓・選択的夫婦新姓を選択する方々が、その選択によって、それ以外の方々に危害を与えることはないからです。つまり「他者に危害を加えることがない限り、個人の自由が認められる」という「他者危害の原則」ですね。もちろん、「日本の伝統を尊重すべきだ」という意見があるのは承知していますが、「尊重すべき伝統とは何か」を決めるべきなのは国民一人一人であり、国家権力ではありません。だからこそ日本先進会は、無意味に国民の自由を奪っている全てのルールを廃止して、各個人が可能な限り、自らの信条や価値観などに基づいた自由な選択をできる環境を作るべきと考えているのです。

4　憲法改正

――では最後に、「憲法改正」について聞かせてください。

鳩山　憲法改正にかかわる日本先進会の政策はこちらです。

◎憲法改正を目的化することなく、国民にとって本当に必要な憲法改正を行う

安倍前首相の悲願が「憲法改正」であったことは周知の事実ですが、それを果たせずに辞任という結末になりました。ではなぜ、安倍前首相は史上最長の政権になったにもかかわらず、憲法改正を進められなかったのかというと、それは「憲法改正が目的化していたから」という理由に他ならないと思います。憲法改正が目的化していて、「憲法をなぜ・どのように改正しなければならないのか」に関する説明があまりにも不十分だったからこそ、多くの国民は安倍政権による憲法改正をあまり支持していなかったということです。

特に自民党は、野党時代の２０１２年に「日本国憲法改正草案」を公表しましたが、ひとたび政権を取り戻すと、それを投げ捨てて、実質的な内容に乏しい「改憲４項目」を掲げました。これは明らかに憲法改正を目的化していて、「何でもいいからとりあえず憲法改正を成し遂げたい」という精神だと理解せざるを得ず、これでは国民を馬鹿にしているとしか言

いようがありません。

長島　日本には、「日本国憲法はアメリカによって押しつけられた憲法だ」や、「憲法を一度も改正したことがないのはおかしい」という主張が多いのですが、これは憲法を改正する理由にはなりません。憲法改正は、国民に具体的な利益をもたらさなければなりません。言い換えれば、憲法改正は具体的な政策を実現するための「手段」として考えなければならないのです。

そのような意味では、日本先進会はこれまでお話ししてきた、たとえば「金融政策・財政政策の両方に基づく適度なインフレの実現」・「日米安保条約の改定交渉」・「参議院と会計検査院の廃止」・「国会監査院と憲法裁判所の新設」などの具体的な政策を実行するための憲法改正が必要だと考えています。ただもちろん、憲法には「国家権力の暴走を防ぐ」という重要な機能もあり、民主主義において最も重要なルールであるとも言えますから、具体的な改正内容については慎重に検討すべきでしょう。

鳩山　何より重要なのは、「憲法は国民のものであり、改正するなら国民自身がきちんと考えて、推進しなければならない」というポイントです。これまでの憲法改正の議論は、国民から離れた場所で行われてきたため、非常に不健全だったと言えます。日本先進会は、きちんと具体的な政策に紐づいた憲法改正の議論をすることで、主権者である国民を中心とした、健全な憲法改正を推進したいと思います。憲法は主権者である国民のものなのですから。

日本先進会からのメッセージ

この本を最後までお読みくださり、誠にありがとうございます。

私たちは、日本が大好きです。日本が大好きだからこそ、今の政治は絶対に変えなければならないと考えています。民主党政権の大失敗によって、「日本の政治に大きな変化を期待してはいけない」というのが国民の常識になってしまった。そして野党は、その大失敗を顧みることもなく、自民党政権を批判するだけの存在になっています。だからこそ自民党は、「何となく改革している感」のパフォーマンスだけで、政権を安定的に維持できるようになってしまった。それこそが、安倍政権が憲政史上最長の政権になった理由ですし、その流れが今、菅政権にそのまま引き継がれようとしています。

このままで本当に良いのでしょうか。良いと思っている国民は多くはないはずです。だからこそ、世論調査で「支持政党なし」を選択する方は非常に多いし、国政選挙で投票しない選択をすることによって、今の政治に対して「静かな反対票」を投じている方も多いのでしょう。「選挙で投票するのは国民の義務だ」という主張もありますが、既存の政治家や政党が納得できる政策を掲げていないのであれば、投票しないという選択肢も十分に合理的だと言わざるを得ません。

日本の政治が劣化することによって、損をしているのは日本国民なのです。だからこそ私たちは、真に国民のためになる政策を掲げた政党を作らなければならないと確信して、日本先進会を立ち上げたのです。

では、これから日本先進会が政治の世界で戦っていく中で何が必要なのでしょうか。それは「思いやりと合理性が最大化された日本」を実現するという同じ志をもった仲間です。日本先進会は、一人でも多くの仲間とともに政策論議を深めて、一人でも多くの国民にそれを広めていきたいと考えています。

この本でお話しした政策は「主たる政策」に過ぎません。たとえばエネルギー政策については議論していませんが、これは正直に言って、日本先進会として結論が出ていないからです。エネルギー政策においては、「原発事故は取り返しがつかない」と主張する原発反対派と、「地球温暖化による異常気象が最大のリスクだ。再生可能エネルギーも環境破壊の原因になるため、完全な解決策ではない」と主張する原発容認派が真っ向から対立していますが、公正に見て、どちらにも大義があるように見えます。しかし今の日本では、原発反対派と原発容認派が建設的な議論をしているようには見えず、お互いに「あいつらは非科学的で、結論ありきで感情的になっているだけだ」と罵り合っているケースも多いと言えます。そして政府はと言えば、原発反対派に対する十分な説明もなく、平然と原発を維持しようとしている。一方で、多くの政治家は講演会などでは「脱原発」を主張するものの、それを実行しようとする気配は全くない。要するに、今の日本におけるエネルギー政策の議論は滅茶苦茶なのです。原発事故と異常気象のリスクがどちらも認められる以上、エネルギー政策は技術的な論点を徹底的に整理した上で、最終的には不確実性も含めて、政治家が覚悟をもって政策を決定するしかありません。

とにかく日本先進会には、エネルギー政策に限らず、全ての政策において議論を徹底的に深めていくための仲間が必要なのです。また各政策においては、各種関係者との対話や、政策の精緻化・具体化、そして改革を進めるための工程表の作成なども必要であり、それも仲間と協力して進めていく必要があります。

だからこそ、この本の内容に賛同し、日本先進会で一緒に政治活動をしたいと思ってくださる方には、ぜひご連絡をいただきたいのです（日本先進会のホームページ・YouTubeチャンネル・ツイッターをご覧ください）。官僚の方でも、民間企業で働いている方でも、あるいは研究者の方でも、とにかく日本という国を本気で愛しているからこそ、何とか政治を変え、日本を変えたいという強い意志をもっている方と一緒に働けることを切に望んでいます。

2020年11月22日

日本先進会　鳩山紀一郎・長島令和

鳩山紀一郎　はとやま きいちろう

一般社団法人日本先進会　代表理事

一九七六年生まれ。東京都大田区出身。

東京大学工学部都市工学科卒業。

同大学院工学系研究科社会基盤工学専攻修士課程修了。

博士号取得後、モスクワ国立大学招待研究員、東京大学講師、長岡技術科学大学産学融合特任准教授を務める。

専門は交通工学で、地域公共交通計画や交通マネジメントなどの研究に従事。

長島令和　ながしま よしかず

一般社団法人日本先進会　理事

一九八六年生まれ。栃木県足利市出身。

東京大学経済学部経営学科卒業。

ＪＰモルガン証券株式会社にて、資金調達およびＭ＆Ａアドバイザリー業務に従事。

政府保有企業の新規株式公開（ＩＰＯ）や、民間金融機関の公的資金返済など、政府関連プロジェクトにも複数関与。

「思《おも》いやり」と「合理性《ごうりせい》」の日本《にほん》へ
政策本位《せいさくほんい》の新《あたら》しい政党《せいとう》をゼロから作《つく》ろう！

二〇二〇年一二月一〇日　第一刷発行

著　者　鳩山紀一郎《はとやまきいちろう》・長島令和《ながしまよしかず》

発行者　堺　公江

発行所　株式会社　講談社エディトリアル

郵便番号　一一二-〇〇一三

東京都文京区音羽　一-一七-一八　護国寺ＳＩＡビル六階

電話　代表：〇三-五三一九-二一七一

販売：〇三-六九〇二-一〇二二

印刷・製本　株式会社新藤慶昌堂

ISBN978-4-86677-081-9